CÓMO RESTABLECER SU PROPIO CRÉDITO Y RENEGOCIAR SUS DEUDAS

Brette McWhorter Sember
Abogada

SPHINX® PUBLISHING

First Edition, 2002

Publicado por: **Sphinx® Publishing, Impresión de Sourcebooks, Inc.®**

Oficina de Naperville
P.O. Box 4410
Naperville, Illinois 60567-4410
630-961-3900
Fax: 630-961-2168
www.sourcebooks.com
www.SphinxLegal.com

Esta publicación está destinada a proporcionarle información correcta y autorizada respecto a los asuntos cubiertos. Se vende entendiéndose que la editorial no se compromete a suministrar servicios legales o contables, ni ningún otro tipo de servicios profesionales. Si se requiere asesoramiento legal u otro tipo de consulta profesional, se deberán contratar los servicios de un profesional competente.

De una Declaración de Principios aprobada conjuntamente por un Comité de la Asociación Americana de Colegios de Abogados y un Comité de Editoriales y Asociaciones

Este libro no reemplaza la ayuda legal.

Advertencia requerida por las leyes de Texas.

Library of Congress Cataloging-in-Publication Data

Sember, Brette McWhorter, 1968-
  [Repair your own credit and deal with debt. Spanish]
  Cómo restablecer su propio crédito y renegociar sus deudas / Brette McWhorter Sember; Eytán Lasca, traductor.-- 1st ed.
      p. cm. -- (Legal survival guides)
Includes index.
  ISBN 1-57248-226-5 (alk. paper)
  1. Consumer credit--Law and legislation--United States--Popular works.
2. Debtor and creditor--United States--Popular works. 3. Finance, Personal--United States--Popular works. I. Title. II. Series.
  KF1040.Z9 S4618 2002
  346.7307'7--dc21
                                                    2002072097

Printed and bound in the United States of America.

VHG Paperback — 10 9 8 7 6 5 4 3 2 1

Con afecto, dedicado a la memoria de Harry Thompson

Muchas gracias a
Thomas y Kathleen McWhorter
por el apoyo y el aliento que me
han brindado con el correr de los años, y
por brindarme la necesidad y la capacidad
de escribir, y por qué no decirlo,
gracias por cuidarme a los niños.

Deseo también expresarle mi agradecimiento a
Jim y Carol Sember por toda la
asistencia y el apoyo que
me han ofrecido de tantas maneras.

Y como siempre, gracias a Terry, Quinne y Zayne,
quienes todo lo hicieron posible.

SUMARIO

Uso de los libros de asesoramiento legal

Antes de consultar cualquier libro de autoayuda, es necesario tener en cuenta las ventajas y desventajas de encargarse de su propio asesoramiento legal y ser consciente de los riesgos que se asumen y la diligencia que se requiere.

LA TENDENCIA CRECIENTE

Tenga la seguridad de que usted no será la primera ni la única persona que se encarga de sus propios asuntos legales. Por ejemplo, en algunos estados, se representan a sí mismas más del setenta y cinco por ciento de las personas involucradas en procedimientos de divorcio y otros tipos de asuntos jurídicos. Debido al alto costo de los servicios de abogacía, la tendencia a la autoayuda va en aumento y en muchos tribunales se procura facilitar los procedimientos para que la gente pueda representarse a sí misma. Sin embargo, en algunas oficinas gubernamentales no están en favor de que las personas no contraten abogados y se niegan a ofrecer cualquier tipo de ayuda. Por ejemplo, su respuesta suele ser: "Vaya a la biblioteca de leyes y arrégleselas como mejor pueda".

Escribimos y publicamos libros de autoasesoramiento legal para brindar al público una alternativa a los generalmente complicados y confusos libros de derecho que se encuentran en la mayoría de las bibliotecas. Hemos simplificado y facilitado las explicaciones sobre las leyes al máximo posible. De todos modos, a diferencia de un abogado que asesora a un cliente en especial, nosotros no podemos cubrir todas las posibilidades concebibles.

ANÁLISIS COSTO/VALOR

Cuando se está comprando un producto o un servicio, uno se ve frente a diversos niveles de calidad y precio. Al decidir que producto o servicio adquirir es necesario efectuar un análisis de costo/valor sobre la base del dinero que usted está dispuesto a pagar y la calidad que usted desea obtener.

Al comprar un automóvil, usted mismo decide si desea obtener transporte, comodidad, prestigio o *atractivo sexual.* De manera acorde, usted opta por alternativas tales como un Neon, un Lincoln, un Rolls Royce o un Porsche. Antes de tomar una decisión, generalmente se comparan las ventajas y el costo de cada opción.

Cuando usted tiene dolor de cabeza puede tomar una aspirina u otro calmante para el dolor, o visitar a un médico especialista que le practique un examen neurológico. En tales casos, la mayor parte de la gente, por supuesto, prefiere un calmante para el dolor porque cuesta solamente unos centavos mientras que un examen médico cuesta cientos de dólares y lleva mucho tiempo. Se trata, generalmente, de una decisión lógica porque, normalmente, para un dolor de cabeza no hace falta más que un calmante. Pero en algunos casos un dolor de cabeza podría ser indicio de un tumor cerebral y sería necesario consultar a un especialista inmediatamente para evitar complicaciones. ¿Debe consultar a un especialista toda persona que tenga dolor de cabeza? Por supuesto que no, pero los que deciden combatir sus enfermedades por sus propios medios tienen que darse cuenta de que están arriesgando su salud en base al análisis costo/valor de la situación. Están tomando la decisión más lógica.

El mismo análisis costo/valor debe efectuarse cuando uno decide encargarse por sí mismo de los trámites legales. Muchas situaciones legales son muy claras: requieren un formulario sencillo y un análisis que no es complicado. Toda persona con un poco de inteligencia y un libro de instrucciones pueden encargarse del asunto con poca ayuda externa.

No obstante, en ciertos casos se presentan complicaciones que sólo un abogado podría detectar. Para simplificar las leyes en un libro como éste, frecuentemente ha sido necesario condensar varios casos legales en una sola frase o párrafo. De lo contrario, este libro tendría varios cientos de páginas y sería demasiado complicado para la mayor parte del público. Sin embargo, esta simplificación deja de lado, necesariamente, numerosos detalles y sutilezas que tendrían relación con ciertas situaciones especiales o inusuales. Asimismo, es posible interpretar la mayoría de los asuntos legales de distintas maneras.

Por consiguiente, al utilizar un libro de autoayuda legal y efectuar sus propios trámites legales, debe usted ser consciente de que está efectuando un análisis de costo/valor. Usted ha decidido que el dinero que ahorrará al encargarse de las gestiones legales compensará la posibilidad de que la resolución de su caso no resulte satisfactoria. La mayor parte de la gente que efectúan sus propios trámites jurídicos jamás tienen problemas, pero en algunas ocasiones ocurre que necesitan contratar a un abogado para corregir los errores iniciales de un caso, a un costo más alto del que les hubiera supuesto contratar a un abogado desde el principio. Tenga este factor en cuenta al manejar su caso y si cree que en el futuro le hará falta más orientación no deje de consultar a un abogado.

NORMAS
LOCALES

El proximo aspecto a recordar es que un libro sobre las leyes de toda la nación o de todo un estado, no puede incluir todas las diferencias de procedimiento en cada jurisdicción. Siempre que sea posible, proporcionamos exactamente el formulario que se requiere. Sin embargo, en otros casos, cada condado establece sus propios procedimientos y requiere sus propios formularios. En nuestros libros para determinados estados, los formularios generalmente cubren la mayoría de los condados del estado o proporcionan ejemplos sobre los trámites legales necesarios. En nuestros libros de alcance nacional, se incluyen algunas veces formularios de un alcance más general, aunque destinados a darle una buena idea del tipo de formulario que hace falta en la mayor parte de las localidades. De todos modos, recuerde que el estado o el condado donde usted reside puede haber establecido requisitos o formularios que no estén incluidos en este libro.

No se debe necesariamente esperar que toda la información y los recursos necesarios puedan obtenerse únicamente a través de las páginas de este libro. Esta obra le servirá de guía, brindándole información específica cuando fuera posible y, también, ayudándolo a encontrar los demás datos necesarios. Es como si uno decidiera construir su propia terraza. Usted podría adquirir un manual para la construcción de terrazas. Sin embargo, dicho libro no podría incluir los códigos de construcción ni los datos sobre los permisos requeridos en cada ciudad, condado o localidad de la nación, ni tampoco podría abarcar información sobre madera, clavos, sierras, martillos y otros materiales y herramientas para la construcción.

Un libro de ese tipo puede servir de guía y después hará falta investigar un poco más sobre este tipo de obras, datos para obtener permisos, e información sobre los tipos y niveles de calidad de la madera disponible en su localidad, posibilidades de utilizar herramientas manuales o eléctricas, y el uso de dichas herramientas.

Antes de utilizar los formularios que figuran en un libro como éste, deberá usted verificar en la oficina de la secretaría de estado o del gobierno local si existen ciertas normas locales que usted deba conocer, o formularios locales cuyo uso sea obligatorio. A menudo, tales formularios requerirán la misma información que la que aparece en los formularios incluidos en este libro pero en diferente orden o con algunas palabras distintas. A veces será necesario utilizar información adicional.

CAMBIOS DE LEYES
Además de estar sujetas a las normas y prácticas locales, las leyes están sujetas a cambio en todo momento. Los tribunales y los legisladores de los cincuenta estados constantemente examinan las leyes. Es posible que mientras usted esté leyendo este libro, se esté modificando algún aspecto de las leyes.

En la mayoría de los casos, los cambios serán mínimos. Se rediseñará un formulario, se requerirá información adicional, o quizá se prolongue un plazo de espera. Como resultado de cambios de ese tipo, quizás sea necesario examinar un formulario, presentar un formulario extra, o cumplir un plazo de espera más prolongado; este tipo de cambios generalmente no influyen en la solución de su caso legal. Por otra parte, en algunas ocasiones puede suceder que se modifique un aspecto fundamental de una ley, que se cambie el texto de una ley en determinada área, o que sea anulado el aspecto básico de un asunto legal. En dichas circunstancias, sus posibilidades de tramitar su caso se vería seriamente afectada.

Nuevamente, deberá usted comparar el valor del caso contra el costo de la contratación de un abogado y tomar la decisión más adecuada para defender debidamente sus intereses.

INTRODUCCIÓN

La mayoría de la gente tiene deudas y tarjetas de crédito, pero son muy pocos los que entienden cómo manejarlas de manera adecuada. Este libro tiene como fin facilitarle la comprensión de su informe crediticio, entender su volumen de deuda, ayudarle a limpiar su informe crediticio y mejorar su situación respecto a sus deudas. Todos los formularios y modelos de cartas que le harán falta se incluyen en el Apéndice A, en la última parte de esta obra. Se le recomienda que copie el texto de los formularios en su propio papel común o con membrete, de manera que no dé la impresión de que está copiando formularios de un libro.

Atrasarse con algunos pagos puede tener efectos negativos en su informe crediticio. Sin embargo, no es el fin del mundo y pueden tomarse numerosas medidas por su cuenta, sin costo, a efectos de reparar su informe crediticio. Es posible eliminar las entradas negativas de su informe mediante varias cartas y negociaciones sencillas. Si su informe crediticio tiene demasiados datos negativos y le resulta difícil obtener cualquier tipo de crédito, no se dé por vencido. Usted puede mejorar su informe crediticio por malo que parezca.

El Capítulo 1 lo ayudará a observar su situación financiera, entenderla y enfrentar los problemas financieros acuciantes. El Capítulo 2 lo orientará a fin de obtener y comprender su informe crediticio, el documento que utilizan todos los acreedores cuando deciden si le prestarán dinero o no. El Capítulo 3 le muestra las diversas maneras de corregir los errores en su informe crediticio, y le sugiere las ideas necesarias para mejorarlo y añadirle puntos positivos. El Capítulo 4 lo ayudará a encontrar la manera de disminuir la cantidad que usted adeuda, sus gastos y sus hábitos en cuanto a gastos.

Si necesita más ayuda para resolver su situación financiera, el Capítulo 5 le dirá donde encontrarla, proporcionándole una larga lista de recursos y organizaciones. El matrimonio y el divorcio siempre se ven afectados por las deudas, y el Capítulo 6 ayuda a comprender todas las repercusiones de su situación. En el Capítulo 7 se le brindará asesoramiento práctico sobre las medidas que debe tomar para cerciorarse de que sus futuros informes crediticios sean positivos.

Cuando enfrente cualquier tipo de dificultad financiera, el presupuesto será una de las herramientas fundamentales a las que deberá recurrir en su vida diaria. En el Capítulo 8 se le indicará de qué manera. Por último, el Capítulo 9 le enseñará a seguir adelante, vivir su vida, enfrentar el futuro y superar sus preocupaciones financieras.

Seguramente usted habrá visto anuncios de empresas que prometen "borrar" su mal crédito u otorgarle nuevo crédito a cambio de un pago. No pierda el tiempo. Este libro lo informará sobre todos los medios legales para reparar su crédito, por sí mismo y sin pagar honorarios. Todo lo que hace falta saber está incluido en esta obra.

Numerosos consumidores utilizan tarjetas de crédito y cuando se dan cuenta no dan abasto para pagar las deudas. Este libro lo ayudará a manejar sus deudas y le mostrará de qué manera reducirla. Seguramente habrá visto anuncios de abogados u otros profesionales que aseguran que pueden disminuir sus deudas y lograr que los acreedores dejen de molestarlo. Por supuesto, para contratar dichos servicios es menester pagar honorarios. Ni lo intente.. Usted puede reducir sus deudas sin necesidad de pagar nada si sigue las instrucciones contenidas en este libro, y ahorrará mucho dinero.

Toda la información comprendida en este libro era correcta en el momento de escribirse, pero no olvide que las leyes cambian constantemente. Para obtener información actualizada sobre las leyes actuales, consulte el material disponible en las bibliotecas y a través de Internet.

CÓMO EVALUAR SU SITUACIÓN 1

Usted ya se ha dado cuenta de que necesita ayuda para resolver su situación financiera o pronto la necesitará. Comprar este libro es un primer paso sumamente importante para abordar y solucionar sus problemas económicos.

A fin de saber verdaderamente qué debe hacer para resolver sus problemas, es necesario entender, en primer lugar, todos los aspectos de su situación. No es suficiente saber que usted no tiene suficiente dinero para pagar todas las cuentas o que su informe crediticio es desfavorable no es suficiente. Tiene que sentarse a revisar todos sus documentos financieros y todas las cuentas pendientes para tener una idea clara respecto a lo que usted tiene, lo que usted debe y qué se debe hacer con el resto. Es importante también, entender de qué manera se aplican las leyes a los distintos tipos de cuentas que usted tenga pendientes. Dedique cierto tiempo a comprender los detalles respecto a sus finanzas y podrá tomar las medidas pertinentes para solucionar sus problemas y evitar que se repitan en el futuro.

¿Qué se necesita para hacer frente a sus deudas?

Si usted no hace caso de sus deudas o evita enfrentarlas, las consecuencias pueden ser tremendas, verdaderamente terribles. En primer lugar, le rechazarán sus solicitudes de crédito. No podrá obtener un préstamo para comprar un automóvil ni una hipoteca porque el volumen de su deuda es excesivo. En segundo lugar, agotará su límite de crédito actual y no podrá utilizar sus tarjetas de crédito. Le suspenderán los servicios básicos de electricidad y teléfonos, le embargarán su automóvil y le rechazarán los cheques por falta de fondos.

Si usted alquila una vivienda lo desalojarán y si es propietario, su casa podrá ser rematada sin que le quede ningún lugar donde vivir. Sus acreedores podrán lograr que se le aplique una retención de bienes por fallo judicial (judgment), el cual les dará derecho a quedarse con sus propiedades y parte de su sueldo o salario. Es peligrosamente fácil endeudarse rápidamente "hasta la cabeza", y mucho más fácil resulta enfrentar sus problemas financieros y no sufrir las consecuencias anteriormente referidas.

Cómo enfrentar situaciones de emergencia relacionadas con las deudas

Si usted experimenta situaciones de emergencia relacionadas con las deudas y que usted tiene pendientes. Entre los posibles casos de emergencia deben mencionarse los de desalojo o remate de la vivienda, embargo (repossession) del automóvil u otros asuntos que afectarán directa e inmediatamente a su vivienda, su salud o transporte. Si usted enfrenta uno de estos problemas, contacte con el acreedor inmediatamente y dígale que quisiera establecer un plan de pagos. Explíquele que usted experimenta dificultades económicas y tiene el propósito de pagar sus cuentas. Obtenga el mejor plan que pueda e indique que usted está de acuerdo en cumplirlo. (Para más información sobre planes de pago véase el Capítulo 4.) De tal manera dispondrá, al menos, de varios meses para intentar efectuar algunos cambios permanentes en cuanto a su situación general.

Si el acreedor no está dispuesto a acordar ningún plan de pago y usted va a perder su casa o su vehículo y por sí mismo no puede efectuar otros arreglos, considere la posibilidad de declararse en *bancarrota*. La bancarrota se explica más detalladamente en el Capítulo 5. Al solicitar que se le apruebe una declaración de bancarrota, desde el momento de presentar su petición, todos los acreedores deben cesar sus gestiones para la cobranza de las deudas. También debe cesar todo proceso de desalojo o remate de la vivienda. Póngase en contacto con un abogado especializado en trámites de bancarrota. Cuando llame para obtener una cita, explíquele que usted lo llama por un asunto urgente y que debe presentar una petición tan pronto como sea posible.

Si tiene dificultades para pagar todas sus deudas y su situación es sumamente complicada, una de las tácticas a las que puede recurrir consiste en pedirles a los acreedores que le proporcionen la documentación relacionada con sus deudas. Bajo la Ley Federal de Prácticas de Cobranzas Correctas (FDCPA, siglas en inglés de Federal Fair Debt Collection Practices Act), usted tiene derecho a solicitar dicho envío a todo acreedor, lo cual a menudo le requiere varias semanas, lapso que le permite a usted contar con un poco más de tiempo para reunir cierta suma de dinero o trazar los planes pertinentes (FDCPA, Sección (Sec.) 1692g).

Otras de las tácticas que utilizan algunos deudores incluyen mudarse sin indicar la nueva dirección y sin inscribirse para votar en el área de su nuevo domicilio; cerrar las cuentas bancarias y abrir otras en otro banco, etc. Estas estratagemas sólo sirven para prolongar los problemas, ocultándose de los acreedores y sin reducir el volumen de sus deudas. Es más, sus deudas continuarán aumentando a medida que se acumulen los intereses.

A fin de evitar que sus cuentas de tarjetas de crédito figuren como pendientes o atrasadas, efectúe los pagos mínimos. De tal manera las cuentas se mantendrán al día y su informe crediticio se mantendrá "limpio". Dado que el interés se seguirá acumulando y se sumará al saldo, esta solución es temporaria. Es necesario encontrar una solución permanente.

PANORAMA RESPECTO AL DINERO QUE USTED DEBE

Junte todas su cuentas, incluidas las de servicios de electricidad y teléfonos, hipoteca o alquiler, tarjetas de crédito de bancos o tiendas, cuentas de médicos, préstamos para la compra de automóviles, préstamos estudiantiles, impuestos atrasados y otras cuentas o facturas. Asegúrese de contar con el estado de cuentas más actualizado de cada acreedor.

A continuación, reúna todos los registros del dinero o los bienes que usted posea: cuentas corrientes y cuentas de ahorros, certificados de depósito (CDs), inversiones, cuentas de "credit unions", comprobantes de sueldos y salarios actualizados, información sobre los bienes que usted posea, vehículos y todo objeto de valor.

Ahora que ha reunido toda esa información, "apilada", tiene que organizarla de manera que sea fácil trabajar con dichos documentos. Llene la hoja de trabajo de EVALUACIÓN DE DEUDAS, disponible al final del libro (Véase el formulario 1, página 113.)

- ☞ Haga una lista con cada acreedor por separado.

- ☞ Ponga la cantidad total que usted debe, el pago mensual, la dirección y la información de contacto en la columna que corresponda a cada acreedor.

- ☞ Calcule el total de los importes de los pagos mensuales y ponga al pie de la página los totales que usted debe.

Complete la hoja de trabajo para la EVALUACIÓN DE BIENES en la última parte del libro (Véase el formulario 2, página 114.)

- ☞ Haga una lista con cada cuenta o artículo por separado.

- ☞ Anote el valor total de cada artículo.

- ☞ En cuanto a sueldos o salarios, escriba la cantidad mensual y la cantidad anual que lleva ganada.

- ☞ Cerciórese de incluir TODO el dinero que ingresa en su hogar, manutención infantil, pensión alimenticia, intereses, etc. Calcule todos los totales mensuales y anuales. Escriba dichos totales en las líneas respectivas.

- ☞ Escriba el total de los bienes netos al pie del formulario.

A continuación deberá usted comparar sus activos (bienes) y deudas, en la hoja de trabajo de EVALUACIÓN DE TOTALES. (Véase el formulario 3, página 115.)

- ☞ Transfiera los totales a los cuales haya llegado en las hojas de trabajo para la EVALUACIÓN DE BIENES y la EVALUACIÓN DE DEUDAS a las líneas de los ingresos mensuales y las deudas mensuales, y las líneas del total de bienes y el total de deudas. El total de sus deudas será, con casi absoluta certeza, mayor que el total de sus bienes. (No se alarme. Tal cosa les ocurre aun a personas que no experimentan problemas crediticios.)

- ☞ Compare sus ingresos mensuales con los pagos mínimos de las cuentas que usted debe, restando sus deudas de sus bienes. Escriba esa cantidad en la línea respectiva.

Observe el total de sus ingresos mensuales y siendo realista calcule cuánto dinero quisiera tener disponible y no sujeto a pagos mensuales. Esa es la meta que usted procurará lograr. Después de pagar la vivienda, los servicios básicos los gastos de automóvil y gastos varios, ¿cuánto quisiera que le sobrara?

Comprender qué tipo de deudas tiene

Antes de tomar medidas para mejorar su nivel crediticio o pagar todo el dinero que adeuda, es menester examinar detenidamente cada una de sus deudas y entender qué tipo de deudas son. A cada tipo de acreedor hay que darle un trato distinto.

Préstamos con Garantía

Los préstamos con garantía, son préstamos en los cuales usted toma dinero prestado o compra cierto artículo y le da al acreedor un valor en garantía [collateral]. Un ejemplo al respecto son los préstamos para la compra de automóviles. Cuando usted toma un préstamo para comprar un carro, le otorga al acreedor el derecho de quitárselo si usted no paga el préstamo.

Préstamos sin Garantía

Los préstamos sin garantía son aquellos en los cuales el acreedor le presta dinero y no toma como garantía un valor que usted posea. Las tarjetas de crédito son préstamos sin garantía, a menos que se trate de una tarjeta para la cual la garantía sea el dinero en su cuenta bancaria (el acreedor puede quedarse con su cuenta bancaria si usted no paga el importe adeudado).

Préstamos Estudiantiles

Los préstamos estudiantiles son préstamos sin garantía que generalmente se ofrecen a través de un banco o de una agencia de préstamos, con respaldo gubernamental. En caso de declararse en bancarrota no lo podrán exonerar del pago de préstamos estudiantiles, los cuales suelen ser una fuente de problemas crediticios.

Hipoteca

Los préstamos en *hipoteca* son aquellos en los cuales usted compra una vivienda y pide prestado dinero a un banco. El banco le presta el dinero para pagar la casa pero la conserva como garantía. Usted no puede vender la casa sin devolver el dinero de la hipoteca y si usted deja de efectuar los pagos correspondientes, el banco puede tomar posesión de la propiedad, venderla y utilizar el dinero para pagar el préstamo.

Mantenga la calma

Es posible que su situación crediticia o sus problemas económicos le estén ocasionando mucho estrés. A usted le preocupa cómo hacer frente a las deudas que tiene o cómo limpiar su historial crediticio, de manera que no le sigan denegando sus solicitudes de préstamos, tarjetas de crédito o hipotecas. Va a resultarle muy difícil comportarse de manera racional si el pánico se apodera de usted. Recuerde que usted va a lograr resolver sus problemas. Lea este libro y siga las sugerencias. Si toma medidas, se sentirá mucho más seguro de controlar la situación. Si le parece que el estrés que usted sufre es demasiado para poder enfrentarlo solo, consulte con un amigo o amiga, un sacerdote o un profesional de la salud mental.

Una de las reacciones más comunes ante los problemas crediticios y de deudas, consiste en hacer caso omiso de la situación. La gente no quiere ni ponerse a pensar en sus propios problemas. Les parece que al no referirse a un problema determinado, la situación no puede ser tan mala como parece. Evitar pensar en sus problemas no contribuye a resolverlos. Es necesario tomar medidas para solucionar sus problemas crediticios y de deudas. Cuanto antes los enfrente, antes podrán resolverse.

A mucha gente le da vergüenza enfrentarse a su situación. Se sienten demasiado abochornados para contactar con un acreedor y acordar un plan de pagos o pedirle ayuda económica a un familiar. Recuerde que los acreedores se enfrentan todos los días a problemas como el suyo. Es menester actuar con la mente fría y abordar los propios problemas como si fueran los de otra persona que no sea usted. Observe la realidad y concéntrese en las medidas concretas que usted puede tomar para cambiar la situación. No se deje atrapar por las emociones. Concéntrese únicamente en resolver sus problemas.

Sus derechos

El gobierno federal le otorga diversos derechos específicos destinados a protegerlo en lo que se refiere a sus deudas e informes crediticios. Cada estado le ofrece también diversos derechos. Consulte las leyes de su estado en la biblioteca pública local o en línea: **http://www.findlaw.com**. En el Capítulo 5 se enumeran las organizaciones que pueden informarlo sobre sus derechos y cómo ejercerlos. Existen dos importantes leyes federales que usted debe conocer a fin de protegerse y ejercer sus derechos: la Ley Federal de Informes Crediticios Correctos (Federal Fair Credit Reporting Act) y la Ley Federal de Prácticas de Cobranzas Correctas (Federal Fair Debt Collection Practices Act). Los derechos pertinentes se indican a continuación.

LEY FEDERAL DE PRÁCTICAS DE COBRANZAS CORRECTAS

Esta ley (abreviada mediante las siglas en inglés FDCPA) establece detalles específicos respecto a la manera en que una agencia de cobranzas puede proceder respecto a usted y otras personas. Tenga en cuenta que esta ley, además de referirse a las agencias de cobranzas, se aplica también a las personas que actúan en función de cobradores de morosos.

Indicaciones respecto a la comunicación con usted. Las agencias de cobranzas o cobradores de morosos deberán comunicarse con su abogado. Sólo podrán contactar directamente con usted si usted les da permiso. No podrán contactarse con usted a horas inusuales o inconvenientes. (deberán abstenerse de llamarlo antes de las 8 A.M. y después de las 9 P.M.) Tampoco podrán llamarlo a la empresa donde usted trabaja si sus jefes no lo autorizan a recibir ese tipo de llamadas telefónicas. Deberán abstenerse de llamarlo repetidamente y de llamar sin identificarse. No podrán llamarlo a cobro revertido (collect) ni llamarlo de manera que usted tenga que cubrir costo alguno por la llamada telefónica. No podrán decir que trabajan para la administración de la justicia ni que son abogados. No se les permitirá que a usted lo sometan a acoso, ni ninguna forma de opresión o abuso. Deberán abstenerse de amenazarlo con el uso de violencia o daños a usted ni a ninguna persona, y de proferir amenazas de medidas que atenten contra la reputación de persona alguna. (FDCPA, secciones 1692(c) y (d).)

No se autoriza el uso de lenguaje obsceno. Su nombre no puede publicarse en una lista de "clavos" (malos pagadores). Si una agencia de cobranzas u otro cobrador de morosos lo llama o le envía una comunicación, usted tiene derecho a indicarles que no lo vuelvan a llamar, en cuyo caso solamente podrán notificarlo por correo respecto al estado de su cuenta, en casos en que se le envíe a su abogado debido a que le entablen una demanda judicial. (FDCPA, secciones 1692 (c) hasta la (f) inclusive.)

Siempre que hable con un cobrador, pregúntele su nombre, y el nombre y la dirección de la agencia. Si usted cree que lo están tratando de manera contraria a la ley o si usted solicita que no lo llamen y no le hacen caso, escríbale una nota de reclamación a la agencia, quejándose por su conducta.

Los cobradores no pueden mentir respecto a la suma de dinero que usted debe ni amenazarlo con tomar medidas que no tienen intenciones de tomar. No se permiten tampoco intentos incorrectos ni ofensivos para cobrar el dinero. Entre dichas prácticas prohibidas se incluyen añadir intereses o tasas que no sean parte de la deuda original, solicitar un cheque posdatado (con fecha futura) amenazándolo con una denuncia penal, ni aceptar un cheque posdatado por más de cinco días a menos que lo notifiquen a usted entre tres y diez días antes de cobrarlo. Tampoco podrán depositar un cheque posdatado antes de la fecha escrita en el cheque. (FDCPA, sección 1692 (f).)

Si usted le indica a una agencia de cobranza que no debe contactarlo nuevamente, solamente podrán comunicarse con usted para notificarlo de sus planes para demandarlo judicialmente o cesar todos sus procedimientos de cobranza.

Correspondencia con usted. Cuando usted recibe correspondencia de una agencia de cobranzas, dicha correspondencia no debe parecerse a documentos legales ni a la correspondencia de las dependencias gubernamentales. Tampoco deberá dar la impresión de haber sido enviada por un abogado. El sobre en el cual le envíen la correspondencia deberá ser un sobre en blanco y no podrá indicarse en el mismo nada que haga referencia a una agencia de cobranza o a una gestión de cobro. (FDCPA, sección 1692(e).)

Contacto con otras personas. Los cobradores deberán decir su nombre al ponerse en contacto con otras personas y declarar que están confirmando o corrigiendo datos sobre el domicilio o el empleo de usted. Si se les pregunta pueden decir para qué agencia trabajan. No podrán mencionar que usted tiene una deuda pendiente y no podrán llamar a nadie más de una vez, a menos que les hubieran dado información incorrecta o incompleta la primera vez. (FDCPA, sección 1692(b).)

Medidas que usted puede tomar. Si el acreedor infringe cualquiera de las disposiciones de esta ley, usted puede tomar medidas en su contra. No deje de conservar registros detallados y todas las constancias que pueda para documentar las infracciones. Si es posible deberá usted contar con un testigo, una persona que hubiera visto u oído al acreedor incurriendo en prácticas indebidas.

Envíe una carta al acreedor original y al Fiscal General del Estado (State Attorney General), indicando detalladamente la infracción. Deberá, asimismo, remitir una carta a la Comisión Federal de Comercio (Federal Trade Commission), dirigida a la oficina regional que figure en la guía telefónica, o en línea a: **http://www.ftc.gov/**. Utilice la CARTA DE RECLAMACIÓN POR PRÁCTICAS DE COBRANZAS INCORRECTAS (Véase el formulario 4, página 116.) Debido a este tipo de incidentes es posible que la totalidad de su deuda sea cancelada. Si a usted se le ha acosado, puede llevar su caso a un tribunal de reclamaciones por sumas pequeñas (small claims court) de la localidad donde usted vive, y presentar una demanda por daños y perjuicios (sufrimiento), además de daños punitivos por una cantidad máxima de $1000, a fin de castigar a la agencia de cobranzas por sus infracciones. (FDCPA, sección 1692(k).)

LEY DE INFORMES CREDITICIOS CORRECTOS

Esta ley se refiere a los informes crediticios y a las agencias que emiten dichos informes. La Ley de Informes Crediticios Correctos (FCRA, Fair Credit Reporting Act) establece las tarifas para el cobro de informes crediticios (más información al respecto en el Capítulo 2), además de las situaciones en las cuales el consumidor puede obtener un informe gratis si le han rechazado su solicitud de crédito. El informe debe solicitarse dentro de los 60 días posteriores al rechazo de la solicitud de crédito o de empleo. La ley dispone también que si usted encuentra un error en el informe, puede reportarlo a la agencia que preparó el informe para que vuelvan a investigar el asunto sin cobrarle a usted cargos extra. Usted deberá recibir una respuesta de ellos en un plazo de 30 días. Si se descubre que hay datos incorrectos, éstos deberán ser eliminados o corregidos. (FCRA, sección 1681(i).)

Se requiere que las agencias de informes crediticios incluyan en su informe crediticio un registro de todas las consultas (averiguaciones) sobre usted que se hubieran efectuado en los últimos seis meses. Deberán incluir también una lista de todas las personas que hubieran comprado su informe crediticio durante los dos últimos años, si fuera por razones de empleo, y dentro del último año, si fuera por otros motivos. (FCRA, sección 1681(g).) No se requiere que las agencias de informes crediticios divulguen sus puntajes de crédito ni su nivel de riesgo crediticio. Esos datos constituyen una evaluación interna que la agencia de informes crediticios elabora para establecer su fiabilidad en materia de crédito. Es como ponerle una "nota" por su historial de crédito, y se le proporciona a las empresas en las que usted solicita trabajo o a sus acreedores. Lamentablemente no se lo ofrecen a usted.

NOTA: *En el momento de publicarse este libro, algunas de las agencias de informes crediticios planeaban comenzar a difundir el puntaje de crédito junto con los informes crediticios. En el momento de publicarse este libro esos datos todavía no estaban disponibles.*

TACTICAS DE LOS ACREEDORES

EMBARGO/
RETENCIÓN DE
SUELDOS O
SALARIOS

Respecto a este punto, es muy importante entender en qué consiste un embargo o un descuento salarial. Un *embargo salarial* (garnishment) ocurre cuando un tribunal registra un fallo contra usted y se le permite al acreedor descontarle una porción de su sueldo o salario para el pago de la deuda (consulte las leyes de su estado para determinar cuál es la cantidad máxima). Por otra parte, una *retención salarial* (wage assignment) se produce cuando el deudor acuerde que parte de su sueldo o salario se le envíe directamente al acreedor. ¡Jamás acepte nada similar! No se deje convencer por ningún acreedor de ninguna manera. Es fundamental que usted comprenda esto antes de seguir leyendo. Este tipo de propuestas surge en los comienzos de sus tratativas con los acreedores.

EMBARGO
DE BIENES

Es importante también comprender otra de las tácticas de los acreedores. El *embargo de bienes* se produce cuando un acreedor ha tomado como garantía un artículo que usted ha comprado. Tal cosa significa que el acreedor tiene el derecho de quedarse con dicho artículo si usted no efectúa los pagos de su préstamo. El ejemplo más común es el de los préstamos para automóviles. Al comprar un carro y tomar un préstamo, usted firma papeles en los cuales se indica qué tipo de bienes toma en garantía el acreedor. El embargo no es más que una manera de decir que el acreedor puede quitarle el automóvil.

La mejor manera de evitar el embargo consiste en efectuar los pagos del carro. Si usted no va a poder pagar una de las mensualidades, llame al acreedor y explíqueselo por adelantado. Si su problema para efectuar los pagos se prolonga, tendrá que hablar con el acreedor e intentar efectuar arreglos de pagos que le resulten posibles. Entre los posibles arreglos podría disponerse que usted efectúe varios pagos reducidos durante varios meses más una extensión del plazo para pagar el préstamo. De tal manera usted tendrá más tiempo para realizar sus pagos. Si aún así le resulta imposible pagar sus mensualidades, es probable que le embarguen el carro. Algunas personas pueden evitarlo manteniendo el automóvil en un lugar donde no pueda encontrarlo el acreedor. Esto significa que usted no podrá usarlo, porque su acreedor sabe donde usted vive y trabaja.

Si le embargan el automóvil deberá inmediatamente ponerse con el acreedor e intentar que acepte un plan de pagos y efectuar algunos pagos a fin de que se lo devuelvan. Sin embargo, tenga en cuenta de que después de embargarle el carro el acreedor ya no tendrá mayores incentivos para devolvérselo.

Si decide no hacer nada y permite que le embarguen el automóvil, recuerde que las cosas no son tan sencillas como parecen. Si le embargan el carro, el acreedor puede reclamarle pagos extra. También usted le deberá el resto del préstamo menos el valor actual del automóvil.

Si ya no puede efectuar los pagos del automóvil le será mejor negociar la devolución del vehículo. De tal manera podrá devolverles el carro voluntariamente y le costará menos dinero que si se lo embargan.

TRATATIVAS CON AGENCIAS DE COBRANZAS

Las agencias de cobranzas son empresas que ganan dinero mediante el cobro de deudas. Esta función se cumple de dos maneras. Puede ocurrir que el deudor moroso acepte enviar el dinero a la agencia de cobranzas y pagar a la agencia un porcentaje de la cantidad cobrada o el acreedor puede vender el derecho a cobrar la deuda a la agencia y ésta se queda con el dinero que le cobre a usted. Los agentes de cobranzas que trabajan par la agencia cobran comisiones. Les pagan un porcentaje del dinero que le cobren a usted y por tal motivo tienen una poderosa motivación para lograr que usted pague. Las agencias de cobranzas tienen mala reputación y mucha gente las percibe como "tiburones" que molestan a la gente cuando están en sus hogares y en el trabajo y cobran el dinero de cualquier manera. En realidad la ley establece claramente lo que las agencias de cobranzas pueden hacer y lo que no pueden hacer. Para más información véanse las explicaciones sobre sus derechos en el Capítulo 1, y más datos sobre las medidas que las agencias de cobranzas pueden tomar para cobrar deudas.

Cuando usted decide hablar con una agencia de cobranzas debe recordar que está tratando con profesionales de la cobranza de deudas de morosos. No se deje convencer para pagar más de lo que usted puede. Sepa cuál es su límite (el monto máximo que puede pagar por mes) antes de hablar con el personal de la agencia. Tenga en cuenta que el cobrador o agente podrá parecer amable y amistoso y dar la impresión de que desea ayudarlo. No se lo crea. Las cobranzas son un gran negocio y usted es la única persona que puede salvaguardar su propia situación financiera.

EXPLICACIONES SOBRE SU INFORME CREDITICIO 2

Cuando otras personas dicen que tienen mal crédito, lo que quieren decir es que tienen una calificación crediticia desfavorable o determinados aspectos desfavorables en su informe crediticio, motivos por los cuales es difícil obtener nuevo crédito. Cuando usted se atrasa en los pagos o si le rechazan una solicitud de crédito, deberá examinar su informe crediticio. Es también aconsejable, como norma general, revisar su informe crediticio cada dos o tres años. Para mejorar su informe crediticio pueden hacerse muchas cosas, pero ninguna de ellas será posible si en primer lugar usted no obtiene su informe crediticio. Su informe crediticio es como su libreta de calificaciones escolares. Indica quién es usted ante los ojos de los burócratas. A fin de mejorar su situación es necesario que usted tenga toda la información financiera sobre usted que le resulte disponible. Antes de resolver cualquier problema es menester saber cuál es el problema.

Cuando usted obtenga su informe crediticio, será conveniente poner al día las cuentas que han sido cerradas o pagadas por completo y lograr que entre las cuentas existentes, figuren tantas como sea posible con una calificación positiva. De la misma manera, si resulta posible sería aconsejable mejorar las calificaciones neutras para que consten como positivas. En el Capítulo 3 se explica más detalladamente qué es lo que hace falta modificar en su informe crediticio y las medidas necesarias para efectuar los cambios requeridos.

AGENCIAS DE INFORMES CREDITICIOS

Las agencias de informes crediticios son grandes corporaciones que ganan dinero a base de compilar información financiera sobre los consumidores y vendérsela a los posibles prestamistas o patronos. Toda persona que alguna vez haya solicitado un préstamo o crédito de tipo alguno tendrá un expediente crediticio en cada una de las principales agencias de informes crediticios. Es posible que la gente que paga todo en efectivo no tenga nada en su informe crediticio. En el informe crediticio se incluyen los datos personales del consumidor, además de su información sobre empleo, tarjetas de crédito y deudas.

¿De qué manera dichas agencias obtienen todos esos datos sobre usted? La información la obtienen de las solicitudes de crédito que usted haya presentado, además de los reportes que sus acreedores preparan sobre su cumplimiento de sus obligaciones financieras para ellos.

Los bancos o agencias de préstamo a menudo contratan a numerosas agencias de informes crediticios pequeñas para examinar e investigar historiales crediticios. Sin embargo, todas esas agencias obtienen sus datos a través de las mismas fuentes.

Se trata de estas tres agencias:

Equifax
P.O. Box 740241
Atlanta, GA 30374
800-997-2493
www.equifax.com

Experian
P.O. Box 2104
Allen, TN 75013-2104
888-397-3742
www.experian.com

Trans Union
P.O. Box 390
Springfield, PA 19064-0390
800-888-4213
www.tuc.com

Por qué tiene importancia su informe crediticio

Su informe crediticio revela enteramente su vida financiera en letra impresa. Enumera su número de seguro social, su dirección actual y las anteriores, sus datos de empleo, préstamos, tarjetas de crédito, hipotecas y otros tipos de deudas. Muestra cuáles cuentas fueron pagadas en su totalidad, cuáles adolecen de atrasos en los pagos, cuáles han sido remitidas a agencias de cobranzas o gestión de cobro de morosos, además de todo tipo de gravámenes en su contra o las declaraciones de bancarrota que usted haya presentado. Siempre que usted solicite un préstamo o una tarjeta de crédito, sus posibles acreedores examinarán su informe crediticio. En el informe se califica su nivel financiero y los acreedores lo utilizan para estudiar las posibilidades de que usted devuelva el dinero prestado.

Si en su informe crediticio figuran muchos pagos de cuenta atrasados, una declaración de bancarrota o más préstamos de los que usted puede pagar, usted tiene mal crédito y significa un riesgo para los posibles acreedores. Las empresas en las cuales usted solicita trabajo, las compañías de seguros y las entidades a cargo de vigilar la manutención infantil pueden obtener su informe crediticio. Dado que a usted lo evaluarán únicamente en base a su informe crediticio, deberá tomar las medidas necesarias para asegurarse de que figuren los datos correctos y que dichos datos sean tan positivos como sea posible.

Su informe crediticio

OBTENCIÓN DE SU INFORME CREDITICIO

La manera más sencilla de obtener su informe crediticio consiste en ponerse en contacto con las agencias de informes crediticios por teléfono o Internet. Usted puede solicitar su informe en línea a Experian y Equifax. Equifax cuenta con un dispositivo en línea que le permitirá ver su informe crediticio en línea inmediatamente. Es conveniente también obtener el informe crediticio de cada una de las agencias que lo reportan, dado que los errores que aparecen en el informe de una de las agencias es posible que no figuren en el informe de otras agencias. Se le requerirá proporcionar datos tales como su nombre completo, fecha de nacimiento, nombre del cónyuge, dirección, número de seguro social, los números de sus tarjetas de crédito y la fecha de nacimiento para verificar su identidad. Utilice la CARTA PARA SOLICITAR INFORME CREDITICIO, a fin de solicitar que le remitan su informe por correo (Véase el formulario 5, página 117.)

Deberá usted recordar que cuando usted solicita su informe crediticio usted solamente recibirá su propio informe. Si su cónyuge quisiera un informe crediticio, éste o ésta deberán solicitarlo por separado. Usted no está autorizado a obtener el informe de su cónyuge. Si cualquiera de ambos experimenta problemas de crédito, ambos deberán obtener sus respectivos informes de manera que puedan corregir todos los errores pertinentes.

Si a usted le han denegado una solicitud de crédito, de empleo, alquiler de vivienda o seguros sobre la base de su informe crediticio, usted podrá obtener un informe gratuito de cada una de las agencias dentro de los 60 días posteriores al rechazo de su solicitud. Consulte la tabla que se incluye a continuación a fin de determinar el costo de los informes crediticios en el estado donde usted reside.

Estado	Costo
California	$8
Colorado	un informe gratis por año
Connecticut	$5 plus tax
Georgia	dos informes gratis por año
Maine	$2
Maryland	un informe gratis por año
Massachusetts	un informe gratis por año
Minnesota	$3
New Jersey	un informe gratis por año
Vermont	un informe gratis por año
Islas Vírgenes	$1
Todos los demás estados	$8.50

Para el pago del informe crediticio se puede enviar un cheque o, lo cual resulta irónico, es posible cargar el importe a su tarjeta de crédito.

¿QUÉ ES LO QUE
HAY EN
UN INFORME
CREDITICIO?

Su informe crediticio contiene datos personales sobre usted, incluidos su número de seguro social, su dirección actual y las direcciones anteriores, la empresa donde trabaja y sus empleos anteriores, y sus hipotecas, préstamos, tarjetas de crédito, acuerdos para pagos a plazos y registros de acceso público sobre usted tales como información sobre gravámenes y declaraciones de bancarrota actuales y anteriores. En el informe también consta si las cuentas que usted debe tienen atrasos de 30, 60 o 90 días. También se indica si usted se ha mudado sin notificar a un acreedor. (La designación que suele utilizarse en estos casos es SCNL).

Los datos que se enumeran pueden ser positivos, negativos o neutros. Los datos negativos, como una cuenta cuyo plazo de pago haya vencido, pueden permanecer en su informe crediticio durante un máximo de siete años. Las bancarrotas pueden mantenerse en su informe durante un máximo de diez años. Sin embargo, si usted solicita un empleo con un sueldo anual de $75,000 o más, un crédito de $150,000 o más, o un seguro de vida por $150,000 o más, dichos datos negativos previamente mencionados seguirán apareciendo en su informe independientemente del tiempo que lleven. (FCRA, sección 1681(c).)

LEER Y ENTENDER
SU INFORME

Las tres agencias de informes crediticios presentan la información sobre crédito de manera diferente. Si usted les solicita informes a las tres compañías, seguramente no incluirán exactamente los mismos datos. Es frecuente que ciertas deudas se incluyan en el informe de una de las agencias pero no en el de otra. A fin de examinar completamente su historial de crédito le será necesario conseguir los informes crediticios de las tres compañías.

Lea los dos modelos de informes que se reproducen en este capítulo a partir de la página 26. (Trans Union no nos dio autorización para reproducir su informe crediticio en este libro. Si usted obtiene un informe de dicha agencia, puede seguir los consejos de las páginas 23–25 donde se indica cómo leerlo.) Lea las descripciones que se incluyen a continuación, las cuales lo ayudarán comprender cómo se deben leer los informes. Las tres agencias deberán aceptar las llamadas telefónicas de los consumidores que les planteen preguntas sobre los datos que aparecen en un informe. Los empleados de servicio al cliente estarán a su disposición par ayudarlo si usted no entiende alguno de los aspectos del informe.

NOTA: *En el momento de imprimirse este libro, las siguientes descripciones eran correctas en base a la manera en que las agencias reportaban la información en ese momento. No obstante, las compañías actualizan constantemente sus formularios y es posible que los modifiquen en cualquier momento. Los formularios siempre contienen la misma información básica, y las modificaciones que se efectúen tienen como propósito facilitar la lectura y la comprensión de los formularios.*

Equifax. El informe de Equifax es bastante fácil de leer. (Véase la página 26.) El informe que se incluye en este capítulo es el modelo que Equifax utiliza para explicar el informe que envían por correo. (Se puede también pedir que le envíen una versión en línea, la cual contiene los mismos datos pero organizados de manera un poco diferente.)

- La primera parte incluye los datos de identificación personal básicos tales como direcciones anteriores e historial de empleo.

- Todos los registros públicos sobre sus deudas (incluidas las bancarrotas), gravámenes, sentencias, embargos salariales, préstamos con garantía, estado civil, asesoramiento financiero en el cual usted hubiera participado. Los remates y los demás datos que no impliquen responsabilidad se enumeran a continuación de los registros mencionados.

- La próxima parte es una lista de todas las cuentas de usted que hubieran sido transferidas a una agencia de cobranzas o a gestión de cobro de morosos, indicando los números de cuentas, saldos, fecha en la cual se reportó el saldo, las últimas operaciones efectuadas, la fecha en que la cuenta fue transferida a una agencia de cobranzas y la situación respecto al cobro de la deuda.

- A continuación figura una lista de acreedores. Se los enumera con el nombre de la compañía, número de cuenta, saldo de la cuenta (el total que usted debe), el estado de la cuenta y otros detalles. El estado de la cuenta indica si la cuenta se está pagando de la manera acordada, el número de días que tenga de atraso, o indicará si ha sido transferida a una agencia de cobranzas. Utilice los códigos que figuran al pie del modelo para entender lo referente al estado de la cuenta.

- La sección siguiente es la de "Consultas sobre crédito". Se enumeran todas las compañías que hubieran efectuado averiguaciones crediticias sobre usted, ya sea porque en ese momento usted tuviera una cuenta con ellos, hubiera solicitado un empleo o presentado una solicitud de apertura de cuenta, o porque la compañía buscara información para determinar si les sería conveniente ofrecerle abrir una cuenta. Se indica la fecha en que se efectuó cada averiguación antes del nombre de cada compañía.

Experian. El informe de Experian también es muy fácil de consultar. (Véase la página 28.)

- La primera página del informe incluye un resumen de su cuenta e indica cuantos datos potencialmente negativos se incluyen (registros públicos y cuentas con información desfavorable). También se indica el número de cuentas cuyo funcionamiento es correcto y están al día.

- A continuación, en las páginas dos y tres el informe enumera todas las cuentas que usted tiene o hubiera tenido. Los puntos negativos se incluyen al comienzo, con dos rayas (guiones) de cada lado del número de cada cuenta que figura en la lista. Las cuentas sin rayas están en buen estado. Se enumera cada cuenta por el nombre del acreedor y se proporciona también la dirección. A la derecha de la cuenta aparecen columnas con estos encabezamientos, los cuales significan lo siguiente:

Fecha de apertura/reportada en. (Date opened/Reported since): Esta columna indica la fecha en que la cuenta se abrió por primera vez y a continuación indica la fecha más reciente en la que se reportó información sobre la cuenta.

Fecha del estado actual/último informe. (Date of status/Last reported): Esta columna indica el tipo de cuenta.

En cuanto al *tipo* (type) se indican dos modalidades: plazos o cuotas fijas (installment) o pagos variables (revolving). Las cuentas de tipo installment son aquellas para las cuales se requiere pagar cuotas mensuales. Las cuentas de tipo revolving son aquellas que funcionan como tarjetas de crédito, en las cuales la cantidad que debe pagarse varía según el uso de la cuenta. En cuanto a plazos (terms), el informe indicará para cuantos meses se otorga el préstamo. Si es de tipo revolving se indicará N/A (no aplicable). La cuota mensual es la suma que usted está obligado a pagar cada mes.

Responsabilidad. (Responsibility): La próxima columna indica quién es responsable de la cuenta. Si es suya solamente es individual. Si tanto usted como su cónyuge son responsables se indicará que la cuenta es conjunta (joint). Otras posibilidades incluyen usuarios autorizados (si su cónyuge u otra persona abren la cuenta y lo autorizan a usted a recibir una tarjeta de crédito en base a la misma cuenta, cosignatario (cosigner), etc.

Límite de crédito o cantidad original/saldo más alto. (Credit limit or original amount/High balance): Su límite de crédito es el total máximo que en cualquier momento dado usted puede pedir prestado. Si se trata de un préstamo, se indicará la cantidad que originalmente usted tomó prestada. El saldo más alto es la mayor cantidad que figuró en su saldo y que usted ha debido por un mes.

Saldo más reciente/pago más reciente. (Recent balance/Recent payment): El saldo más reciente es la suma que usted debe reportada por última vez. El pago más reciente indica el último pago reportado.

Observaciones. (Comentarios): En esta sección se incluyen observaciones con detalles sobre cuentas vencidas o atrasadas, indicaciones respecto a cuentas que nunca han tenido pagos atrasados, si determinada cuenta se pagó en su totalidad y fue cerrada, y durante cuánto tiempo la cuenta seguirá apareciendo en su informe crediticio.

- La siguiente sección del informe de Experian (a partir de la página 5 del modelo) ofrece más detalles sobre algunas de sus cuentas. No todos los acreedores proporcionan información detallada y actualizada para esta sección, motivo por el cual no encontrará detalles de todas sus cuentas. Debajo del nombre y la dirección del acreedor hallará los datos respecto a sus límites de crédito anteriores y saldos más altos proporcionados por el acreedor. A la derecha figura su saldo en fechas diferentes.

- A continuación se incluye la sección en la cual se enumeran los acreedores que hubieran solicitado información sobre usted. La lista a la izquierda incluye las averiguaciones que se efectuaron en relación con algún trámite iniciado por usted, como presentar una solicitud de crédito, por ejemplo. La lista a la derecha enumera las averiguaciones que se realizaron sin que usted hubiera efectuado actividad alguna.

- Acto seguido, encontrará una sección en la cual se incluyen sus datos personales, nombre, dirección actual y direcciones anteriores, número de seguro social, fecha de nacimiento, nombre del cónyuge, empresa donde trabaja y otros datos.

Trans Union. A primera vista, el informe de Trans Union no parece fácil de leer. Aparecen muchas palabras y números "apretados" en cada página. Sin embargo, si usted lo lee despacio y lo examina detenidamente, se dará cuenta de que es bastante sencillo de leer y comprender.

- El comienzo del informe indica su nombre y dirección actual.

- A continuación se enumeran las direcciones anteriores y su historial de empleo.

- La siguiente sección del informe se refiere a las cuentas en las que aparece información negativa sobre usted. La información que se considera negativa aparece entre los signos (><) para que pueda encontrarse fácilmente.

- Después de las cuentas con información negativa figuran las cuentas con información neutra o positiva. Todas las cuentas se incluyen de la misma manera. El nombre del acreedor aparece a la izquierda, junto a él se incluye el número de cuenta y una descripción sobre el tipo de cuenta.

- La siguiente línea indica la fecha en que se reportó información sobre la cuenta o la fecha en que fue actualizada y el saldo en tales fechas. A la derecha consta la información respecto a quién es responsable de la cuenta, indicando si es individual, conjunta, etc.

- La línea a continuación indica cuándo se abrió la cuenta y la suma más alta a la cual ascendió su deuda en un momento dado. Después de estos datos se describen las condiciones de pago y también puede aparecer el límite de crédito.

- La línea siguiente incluye el estado de la cuenta en el último día que hubiera sido reportada. La línea a continuación proporciona alguna información sobre pagos vencidos o atrasados.

- Después de la lista de todas sus cuentas encontrará una lista de las personas que han recibido su informe crediticio a pedido suyo (incluida su solicitud de que le remitan una copia a usted, lo cual se indica con las iniciales "TU").

- La próxima sección indica las compañías que recibieron información limitada sobre usted a fin de intentar venderle bienes o servicios.

- La última sección incluye las compañías que solicitaron información actualizada sobre usted.

NOTA: *En el momento de publicarse este libro, Trans Union estaba preparando los cambios necesarios para que el formato de su informe crediticio sea más fácil de utilizar para los consumidores.*

Si usted todavía no comprende algunos aspectos de su propio informe crediticio, no dude en llamar a la compañía que lo preparó. Las agencias de informes crediticios no son sus acreedores y si usted se pone en contacto con ellas por teléfono no lo acosarán para que les envíe dinero. Llame y pídales que le expliquen los aspectos del informe que usted no entiende.

SU CÓNYUGE Y SU INFORME CREDITICIO

Desde el punto de vista del crédito, se considera que usted y su cónyuge son dos entidades separadas. No obstante, ustedes tienen el derecho de disponer que la información de ambos aparezca en el informe crediticio de cada uno, lo cual podría ser conveniente si el nivel de crédito de uno de ustedes es pobre y el del otro es excelente. Para solicitar este tipo de medida a la agencia correspondiente, utilice la CARTA PARA SOLICITAR LA FUSIÓN DE SU INFORME CREDITICIO CON EL DE SU CÓNYUGE. (Véase formulario 7, página 119.) Usted también tiene derecho a que los informes negativos de uno de los cónyuges sean eliminados del expediente del otro cónyuge. Si su cónyuge tiene un crédito terrible y se refleja en el informe de usted, tendrá que solicitar que los datos de su cónyuge se eliminen de su propio informe. En ese caso le sería posible utilizar su buen crédito para solicitar los préstamos y tarjetas de crédito que pudieran reportarles beneficios a ambos. En tales circunstancias utilice la CARTA PARA SOLICITAR LA INDIVIDUALIZACIÓN DEL INFORME CREDITICIO. (Véase el formulario 8, página 120.)

Cómo leer su informe crediticio

Esta sección incluye su nombre, dirección actual, direcciones anteriores y otros datos para su identificación reportados por los acreedores.

Esta sección incluye datos de registro público obtenidos a través de los tribunales locales, estatales y federales.

Esta sección incluye las cuentas que los acreedores hayan remitido a una agencia de cobranzas.

Esta sección abarca cuentas abiertas y cerradas

[1] El acreedor que reporta la información.
[2] El número de cuenta reportado por el acreedor que le concedió el crédito.
[3] Véase la explicación más abajo.
[4] El mes y el año en que el acreedor le abrió la cuenta.
[5] Número de meses en los cuales se reportó el historial de pagos de esta cuenta.
[6] Fecha del último pago.
[7] Cantidad más alta cargada o límite de crédito.
[8] Número de cuotas o pago mensual.
[9] La cantidad adeudada en la fecha del informe.
[10] La cantidad vencida en la fecha del informe.
[11] Véase la explicación más abajo.
[12] Fecha de la última puesta al día de la cuenta.

Esta sección incluye la lista de las empresas que han recibido su informe crediticio en los últimos **24 meses**.

Dirija toda la correspondencia futura a: Credit Reporting Agency
Dirección Comercial
Ciudad, Estado 00000

MODELO DE INFORME CREDITICIO

Datos de identificación personal

Su nombre
123 Dirección actual
Ciudad, Estado 00000

No. de seguro social: 123-45-6789
Fecha de nacimiento: 10 de abril de 1940

Dirección(direcciones) anterior(es)
456 Former Rd. Atlanta, GA 30000
P.O. Box XXXX, Savannah, GA 40000

Último empleo reportado: Ingeniero, Highway Planning

Datos de registro público

Gravamen solicitado en 03/93; Fulton CTY; No. de caso o equivalente-32114; cantidad-$26667; Clase-Estatal; difundido en 07/93; verificado en 07/93
Bancarrota solicitada en 12/92; Northern District Ct; No. de caso o equivalente-673HC12; Pasivo: $15787; Personal; Individual; Exonerado; Activo-$780
Demanda de sentencia presentada en 07/94; Fulton CTY; No. de caso o equivalente-0898872; Demandado-Consumidor; Cantidad-$8984; Demandante-ABC Real Estate; Satisfecha en 03/95; Verificada en 05/95

Información sobre cuentas transferidas a agencias de cobranzas

Pro Coll (800) xxx-xxxx

Datos sobre cobranzas reportados en 05/96; Transferida en 03/93 a Pro Coll (800) xxx-xxxx Cliente – ABC Hospital; Cantidad-$978; Sin pagar; Saldo $978; Fecha del último movimiento 09/93; Cuenta individual; No. de cuenta 787652JC

Información sobre cuentas de créditos

Nombre de la compañia	No. de cuenta	Titular/ cuenta	Fecha de apertura	Meses	Fecha/ último movimiento	Cantidad más alta	Cuotas	Datos según reporte de la fecha			Reportado/ fecha
								Saldo	Vencido	Estado	
[1]	[2]	[3]	[4]	[5]	[6]	[7]	[8]	[9]	[10]	[11]	[12]
Cadena de tiendas	32514	J	10/86	36	9/97	$950		$0		R1	10/97
Banco	1004735	A	11/86	24	5/97	$750		$0		I1	4/97
Compañía petrolera	541125	A	6/86	12	3/97	$500		$0		01	4/97
Financiación de Automóviles	529778	I	5/85	48	12/96	$1100	$50	$300	$200	I5	4/97

Historial de pagos anterior: 3 veces con 30 días de retraso; 4 veces con 60 días de retraso; 2 veces con más de 90 días de retraso
Estado anterior: 01/97 – I2; 02/97 – I3; 03/97 – I4

Compañías que solicitaron su informe crediticio

09/06/97 Equifax – Difusión	08/27/97 Cadena de tiendas
07/29/97 PRM Tarjeta de banco	07/03/97 AM Tarjeta de banco
04/10/97 AR Cadena de tiendas	12/31/96 Equifax – Difusión ACIS 123456789

Titular de la cuenta
Indique quién es el responsable de la cuenta y el tipo de participación que usted tiene en la misma.
J = Joint (conjunta)
I = Individual
U = Undesignated (sin designar)
A = Autorized user (usuario autorizado)
T = Terminated (cancelada)
M = Maker (encargado)
C = Co-Maker/Co-signer (co-encargado/co-signatario)
B = On behalf of another person (en nombre de otra persona)
S = Shared (compartida)

Estado   Tipo de cuenta
O = Open [abierta] = (cada mes se adeuda la totalidad del saldo)
R = Revolving [rotatoria] = (cada mes se adeuda una suma variable)
I = Installment [a plazos] = (número de pagos fijo)
Cumplimiento de los plazos de pago
0 = Aprobada, sin utilizar; demasiado nueva para catalogarla.
1 = Pagos efectuados de acuerdo con las disposiciones acordadas.
2 = Plazo de pago vencido hace más de 30 días.
3 = Plazo de pago vencido hace más de 60 días.
4 = Plazo de pago vencido hace más de 90 días.
5 = Efectúa el pago transcurridos más de 120 días desde el vencimiento del plazo; o transferida a una agencia de cobranzas.
7 = Efectúa pagos regulares bajo el plan para asalariados u otro arreglo similar.
8 = Embargo de bienes.
9 = Suma cargada a la cuenta de deudas incobrables.

Las siguientes consultas o averiguaciones NO se reportan a las empresas

PRM – Este tipo de consulta significa que sólo su nombre y dirección a la empresa que otorga crédito a fin de enviarle una solicitud de crédito para que usted la llene. (Las consultas PRM permanecen en los archivos durante 12 meses.)

AM o RM – Estas consultas indican una revisión periódica de su historial crediticio efectuada por uno de sus acreedores. (Las consultas AM o RM permanecen en los archivos durante 12 meses.)

EQUIFAX, ACIS o UPDATE – Estas consultas indican la actividad de Equifax a pedido de usted, ya sea para remitirle una copia de su informe crediticio o investigar un asunto.

PRM, AM, AR, Equifax, ACIS, Update y INQ – Estas consultas no aparecen en los informes crediticios que reciben las empresas; solamente aparecen en las copias que se le envíen a usted.

Form 102631-8-98 USA

Creado por Equifax (reproducido con su autorización)

Preguntas Frecuentes Respecto a los Informes Crediticios

P: ¿Por qué rechazaron ustedes mi solicitud de crédito?
R: Las agencias de informes crediticios no recomiendan la aprobación ni el rechazo de su solicitud de crédito. Las compañías que otorgan crédito las que deciden en base a su historial de pagos y sus propios criterios.

P: ¿Las agencias de informes crediticios califican mis cuentas?
R: No. Lo único que hacemos es mantener registros. Cada acreedor nos reporta el estado de su cuenta según los pagos que usted haya efectuado.

P: ¿Cómo podría corregir un error en mi informe crediticio?
R: Complete el formulario de solicitud de investigación y proporcione la información detallada que usted considera correcta. A continuación averiguaremos con el acreedor, la agencia de cobranzas o la fuente de registros públicos para determinar si existen errores en los datos reportados. La información que no pueda verificarse se eliminará de su expediente. Si usted y un acreedor no están de acuerdo respecto a cualquier dato, usted tendrá que resolver el desacuerdo directamente con el acreedor, por ser éste la fuente de los datos proporcionados.

P: ¿Qué hay en mi informe crediticio que me impide obtener crédito?
R: No sabemos. Somos una agencia de informes crediticios y no otorgamos crédito. Cada empresa que otorga crédito establece sus propios criterios para tomar decisiones respecto al crédito. Es posible que su crédito parezca perfecto, pero tener demasiado crédito o demasiadas cuentas por pagar podrían ser dos de los tantos motivos por los cuales podrían rechazarle una solicitud. Algunas veces la decisión ni siquiera se basa en su informe crediticio. Por ejemplo podrían denegarle la solicitud si usted ha vivido en su domicilio actual durante poco tiempo, o es muy nuevo en la empresa donde trabaja. Si tiene dudas sobre los motivos por los cuales no le aprobaron un crédito, comuníquese con la empresa a la cual usted le presentó la solicitud.

P: ¿Por qué los datos sobre mi último empleo no están actualizados?
R: Lo que figura como último empleo reportado es, verdaderamente, el último empleo reportado por las compañías que otorgan crédito. La información sobre empleo generalmente es la que figura en las solicitudes de crédito y, por consiguiente, no las ponen al día muy seguido. Las empresas que conceden créditos o donde usted solicite trabajo no utilizan dichos datos para tomar decisiones, sólo se usan con propósitos demográficos.

P: ¿Qué es el puntaje crediticio?
R: El puntaje credititico es un promedio que indica las probabilidades de que usted efectúe los pagos de un préstamo o tarjeta de crédito de la manera acordada. Se utiliza como predicción de su desempeño futuro. Es un dato que las empresas usan al evaluar su solicitud de crédito. Su puntaje crediticio puede basarse únicamente en la información que figura en el informe crediticio que emiten las agencias de informes crediticios. Otros puntajes pueden basarse en la combinación de la información crediticia y la información que usted incluya en su solicitud de crédito. Es posible que su desempeño anterior en el manejo del crédito se relacione con su desempeño crediticio en el futuro. Los puntajes crediticios no pueden predecir con certeza de qué manera una persona manejará su crédito. Solamente constituyen una previsión objetiva respecto a las probabilidades de que usted pague las cuentas dentro del plazo estipulado.

P: ¿El puntaje crediticio forma parte de mi informe crediticio?
R: El puntaje crediticio no forma parte del informe crediticio. Es un recurso que facilita la labor de la empresa que otorga el crédito durante la tramitación de la solicitud. El puntaje puede variar a medida que cambien sus datos respecto al crédito.

P: ¿Si tengo problemas de crédito, ¿donde podría obtener asesoramiento y ayuda?
R: Hay varias organizaciones que ofrecen ayuda. Por ejemplo, Consumer Credit Counseling Service (CCCS) es una entidad sin fines de lucro que ofrece asesoramiento gratuito o de bajo costo para ayudarle a la gente a resolver sus problemas económicos. El CCCS puede ayudarle a analizar su situación y buscar soluciones. En este país funcionan más de 600 oficinas del CCCS. Llame al 1-800-388-2227 y averigue el número de teléfono de la oficina más cercana.

P: ¿Debería recurrir a una de esas compañías que prometen "arreglarme" el crédito?
R: Esa decisión debe tomarla usted mismo. Sin embargo, no olvide que dichas compañías no pueden quitar de su informe crediticio ningún dato que sea correcto. Muchas de las medidas que pueden tomar puede tomarlas usted mismo sin costo alguno o a un costo bajo.

Aviso:

Una vez que recibimos su pedido de que investiguemos un desacuerdo, en primer lugar revisamos y consideramos la información relevante que usted nos haya presentado, independientemente de la índole de su desacuerdo. Si la revisión no resuelve el desacuerdo y se requiere más investigación, remitimos una notificación respecto a su desacuerdo, incluida la información relevante que usted haya presentado, a la fuente que nos hubiera enviado a nosotros la información respecto al desacuerdo. Dicha fuente examina la información que nosotros proporcionamos, realiza una investigación respecto a la información cuestionada y nos reporta los resultados a nosotros. Nosotros, entonces, eliminamos o modificamos ciertos datos de su informe crediticio según la información apropiada basada en los resultados de la investigación. En la sección denominada "Results of Your Investigation" (resultados de su investigación) de la carta que acompaña la copia del informe crediticio revisado que nosotros le enviamos, se incluyen el nombre, la dirección y, si se dispone dentro de los límites razonables, el número de teléfono de la(s) entidad(es) que proporcionan la información con las cuales contactamos a fin de investigar su desacuerdo.

Si aun así usted no está de acuerdo con un punto determinado después de que hubiera sido verificado, usted podrá remitirnos una declaración breve, de un máximo de 100 palabras (200 para los residentes en el estado de Maine) explicando la índole de su desacuerdo. Su declaración formará parte de su informe crediticio y constará en el mismo cada vez que se efectúe una consulta.

Si la re-investigación permite modificar o eliminar los datos que a usted le preocupan, o si usted remite una declaración de conformidad con el párrafo anterior, usted tiene derecho a solicitar que le enviemos la versión revisada de su informe crediticio a cualquier compañía que con cualquier propósito hubiera recibido su informe crediticio durante los últimos seis meses (12 meses para los residentes de Colorado, Nueva York, New Jersey y Maryland) y durante los últimos dos años cuando fuera con fines de empleo..

Creado por Equifax (reproducido con su autorización)

experían

Preparado para
JOHN Q. CONSUMER
Informe número
1687771839

Fecha del informe
1 de junio de 1999

Página 1

Experian
PO Box 9595
Allen TX 75013-9595

Informe crediticio personal

Acerca de este informe

Experian reúne y organiza información sobre usted y su historial crediticio en base a los registros públicos, sus acreedores y otras fuentes fiables. Ponemos su historial crediticio a disposición de sus acreedores y patronos o posibles acreedores y patronos, de manera autorizada por la ley. No otorgamos crédito ni evaluamos su historial crediticio. Los datos personales sobre usted pueden remitirse a las compañías cuyos productos o servicios puedan interesarle.

Las decisiones importantes respecto a su valoración crediticia se basan en la información contenida en este informe. Es menester revisarla detenidamente para verificar que esté correcta.

Información que puede afectar su valoración crediticia

A continuación se incluye un resumen de los datos incluidos en este informe.

Datos potencialmente negativos incluidos

Datos de registro público	2
Cuentas de acreedores y otras entidades	2
Cuentas al día (en buen estado)	3

Si desea más información

Para plantear cualquier duda respecto este informe, llámenos al: 1-800-XXX-XXXX, lunes a viernes de 9am – 5 p (hora de la ciudad donde usted reside

Para adquirir más información respecto a Experian u otros datos útiles, incluidos consejos para mejora su nivel de crédito, visite nuestro siti web:

http://www.experian.com

```
***************  5-DIGIT 90001
8909 2 AV D.483 F 789 **
JOHN Q CONSUMER
123 MAIN STREET
ANYTOWN CA 90001-9999
```

Imprimir: Al imprimir el exjemplo del informe crediticio de J.Q. Consumer, le sugerimos que en la sección de "properties" del "printer setup" de su computadora seleccione la opción "landscape" (impresión horizontal).

Preparado para	Fecha del informe	Página 2
JOHN Q. CONSUMER	1 de junio de 1999	
Informe número	**¿Preguntas?**	
1687771839	Llame al 1-800-XXX-XXXX	

Información que afecta su valoración crediticia

Los puntos que aparecen con una rayita antes y después del número, por ejemplo -1-, pueden ejercer consecuencias potencialmente negativas respecto a futuras extensiones de su crédito y en el informe figuran en primer lugar.

Las empresas que otorgan crédito pueden examinar detenidamente los puntos incluidos a continuación al examinar su historial crediticio. Observe que la información sobre la cuenta relacionada con algunos registros públicos, como bancarrotas, por ejemplo, aparecen también en este informe.

Su declaración

Por pedido suyo, hemos incluido la siguiente declaración cada vez que se ha solicitado su informe crediticio.

"Mi identificación ha sido utilizada sin que yo lo autorice en solicitudes de crédito. Antes de aprobar créditos a mi nombre llame al 999-999 9999".

Información sobre usted que figura en registros públicos

Fuente/número de identificación	No. de ubicación	Fecha de inicio/fecha de resolución	Responsabilidad	Cantidad reclamada/cantidad de la cual es responsable	Observaciones
-1- **Holly CO DIST CT** 305 MAIN STREET HOLLY NJ 08060	B312P7659	3-1997/ NA	Conjunta	$3,756/ NA	Tipo: Demanda judicial civil, sentencia dictada.Demandante: Dime Savings. Este punto se mantendrá en los registros hasta 3-2004. Este punto se verificó en 8-1997 y sigue sin cambios.
-2- **BROWN TOWN HALL** 10 COURT ST BROWN NJ 02809	BK443PG14	11-1997/ 10-1998	Conjunta	$57,786/ NA	Estado: Exhonerado por bancarrota, capítulo 7. Este punto permanecerá en los registros hasta 1-2007. Este punto fue verificado en 8-1997 y sigue sin cambios.

experían

Preparado para
JOHN Q. CONSUMER
Informe número
1687771839

Fecha del informe
1 de junio de 1999
¿Preguntas?
Llame al 1-800-XXX-XXXX

Página 3

Página 3

Información crediticia sobre usted

Fuente/número de cuenta (excepto las últimas cifras)	Fecha de apertura reportaje desde	Fecha de estado/ último reporte	Tipo/plazo/ pago mensual	Responsabilidad	Límite de crédito o cantidad original/ saldo más alto	Saldo reciente/ pago reciente	Observaciones
-3- FIDELITY BK NA 300 FIDELITY PLAZA NORTHSHORE NJ 08902 46576000024....	6-1994/ 6-1994	12-1996/ 12-1996	Plazos/10 meses/$0	Individual	$4,549/ NA	$4,549 en 12-1996/	Estado: con cargo. $4,549 eliminados en 12-1996. Esta cuenta permanecerá en los registros hasta 12-1996
-4- B.B. CREDIT 35 WASHINGTON ST. DEDHAM MA 547631236	10-1990/ 4-1995	4-1998/ 4-1998	Plazos/80 meses/$34	Individual	$8,500/ $8,500	$0 en 4-1998/$34	Estado: Deuda reincluida en bancarrota, capítulo 7. $389 exhonerados en 3-1998. Historial de la cuenta: Agencia de cobranzas desde 9-1995 a 6-1996 90 días de retraso en 7-1995 60 días de retraso en 11-1994, 6-1995 30 días de retraso en 9-1994, 1-1995 y 2 veces más Esta cuenta permanecerá en los registros hasta 2-2001 Este punto fue verificado y actualizado en 6-1996

Acreedor original: Bally's Health Club/Personal Services

experían

Página 4

Preparado para
JOHN Q. CONSUMER
Informe número
1687771839

Fecha del informe
1 de junio de 1999
¿Preguntas?
Llame al 1-800-XXX-XXXX

Página 4

Información crediticia sobre usted (continuación)

Fuente/número de cuenta (excepto las últimas cifras)	Fecha de apertura reportaje desde	Fecha de estado/ último reporte	Tipo/plazo/ pago mensual	Responsabilidad	Límite de crédito o cantidad original/ saldo más alto	Saldo reciente/ pago reciente	Observaciones
5 FIRST CREDIT UNION 78 WASHINGTON LN LANEVILL TX 76362 129474 Hipoteca: 74848347834	3-1996/ 3-1996	11-1998/ 11-1998	Plazos/48 meses/$420		$17,856/ NA	$0 en 11-1998/ $420	Estado: abierta/sin retrasos
AMERICA FINANCE CORP PO BOX 8633 COLLEY IL 60126 6376001172....	6-1993/ 7-1993	11-1998/ 11-1998	Rotatoria/ NA/$400		$0/ $18,251	$0 en 1-1998/	Estado: tarjeta perdida o robada. Esta cuenta permanecerá en los registros hasta 11-2000.
NATIONAL CREDIT CARD 100 THE PLAZA LANEVILLE NJ 08905 420000638....	6-1993/ 6-1993	11-1998/ 11-1998	Rotatoria/ NA/$0	Conjunta con JANE CONSUMER	$8,000/ $8,569	$0 en 11-1998	Estado: abierta/ sin retrasos.

Comprada a CITIBANK VISA

Preparado para	Fecha del informe	Página 5
JOHN Q. CONSUMER	1 de junio de 1999	
Informe número	¿Preguntas?	
1687771839	Llame al 1-800-XXX-XXXX	

Uso de su crédito

La información que se indica a continuación proporciona detalles adicionales respecto a sus cuentas, incluidos hasta 24 meses del historial de sus saldos y límites de crédito, saldos más altos y cantidad original del préstamo. A Experian no le reportan toda la información sobre los saldos, motivo por el cual es posible que no aparezcan algunas de sus cuentas. Asimismo, es posible que algunos acreedores actualicen los datos más de una vez en el mismo mes.

Fuente/número de cuenta   *Fecha/saldo*

6 AMERICA FINANCE CO CORP
6376001172......

11-1998/$0   10-1998/$4,329   8-1998/$0   5-1998/$0   2-1998/$250   1-1998/$0   12-1997/$2,951
9-1997/$3,451   7-1997/$4,251   5-1997/$4,651   2-1997/$5,451   1-1997/$5,851;   12-1996/$6,251
11-1996/$6,651   9-1996/$7,051   7-1996/$7,451   5-1996/$7,852   3-1996/$8,251   1-1996/$12,651
12-1995/$9,051   11-1995/$9,451   9-1995/$10,251   7-1995/$10,651   5-1995/$11,051

Entre 1-1994 y 11-1998 se desconocía su límite
de crédito.

7 NATIONAL CREDIT CARD
420000638...

11-1998/$0   9-1998/$542   7-1998/$300   6-1998/$686   4-1998/$1,400   3-1998/$2,500
1-1998/$2,774   12-1997/$599   9-1997/$873   7-1997/$1,413   5-1997/$1,765   4-1997/$2,387
3-1997/$3,400   2-1997/$3,212   1-1997/$4,412   12-1996/$2,453   10-1996/$2,453   10-1996/$1,769
8-1996/$1,200   4-1996/$3,200   2-1996/$4,568   1-1996/$5,582   12-1995/$3,000   10-1995/$3,200
8-1995/$4,500

Entre 6-1993 y 11-1998 su límite de crédito
ascendía a $8,000.

Preparado para
JOHN Q. CONSUMER
Informe número
1687771839

Fecha del informe
1 de junio de 1999
¿Preguntas?
Llame al 1-800-XXX-XXXX

Página 6

Página 6

Otras personas que han solicitado información sobre su historial de crédito

A continuación se incluyen las entidades a las cuales recientemente les hemos enviado información sobre su historial de crédito.

Solicitudes presentadas por usted

Usted tomó ciertas medidas, tales como completar una solicitud de crédito, que les permitieron a las siguientes empresas adquirir información sobre usted. Recuerde que los siguientes datos forman parte del historial de crédito y se incluye en los informes crediticios que les hemos remitido a otras entidades.

Fuente	Fecha	Observaciones
ABC MORTGAGE 64 MAPLE ROSEVILLE MD 02849	10-18-1998	Préstamo par vivienda de $214,000 en nombre de State Bank con un plazo de pago de 30 cuotas. Esta consulta permanecerá en sus archivos hasta 10-2000.

Otras solicitudes

Es posible que usted no haya presentado las siguientes solicitudes para consultar su historial de crédito, por tal motivo quizá no reconozca a todas las fuentes. Les ofrecemos información crediticia a las empresas que tengan propósitos permisibles, por ejemplo:

- otros acreedores que desean ofrecerle crédito preaprobado, o una empresa interesada en remitirle una oferta de trabajo;
- un posible inversionista que desea evaluar los riesgos de una obligación financiera actual;
- Experian Consumer Assistance, para tramitarle a usted un informe;
- sus acreedores actuales, a fin de llevar un control de sus cuentas (la fecha indicada puede reflejar solamente la solicitud más reciente).

Lo informamos a usted sobre estas solicitudes como registro de movimientos, y no incluimos ninguna de estas solicitudes de datos en los informes crediticios que proporcionamos a otras entidades.

Fuentes	Fecha
EXPERIAN PO BOX 949 ALLEN TX 75013	3-99
WORLD BANK 4578 DRIVE NORTH YORKVILLE NY 03939	3-99, 12-98, 9-98, 6-98, 3-98, 12-97, 9-97, 6-97, 3-97
FIDELITY BK NA 300 FIDELITY PLAZA NORTHSHORE NJ 08902	1-99, 7-98, 1-98, 7-97, 1-97
NATIONAL CREDIT CARD 100 THE PLAZA LANEVILLE NJ 08905	7-97, 2-97

Preparado para
JOHN Q. CONSUMER
Informe número
1687771839

Fecha del informe
1 de junio de 1999
¿Preguntas?
Llame al 1-800-XXX-XXXX

Página 7

Página 7

Datos personales sobre usted

La siguiente información relacionada con sus registros nos ha sido reportada por usted, sus acreedores y otras fuentes. En el marco de nuestro programa de prevención del fraude, es posible que aparezca en su informe un aviso con información adicional.

Nombres
John Q. Consumer
John Consumer
Jack Q. Consumer

Domicilio

En nuestros registros consta que en la actualidad usted es propietario de su vivienda. El código geográfico con cada dirección identifica el estado, el país, los datos del censo, el grupo de bloques y las Estadísticas del Área Metropolitana relacionadas con cada dirección.

Dirección	Tipo de vivienda	Código geográfico
123 Main Street Anytown, CA 90001	NA	23-914-629331-1-1234
7 Buckingham Drive Southwick, MA 01077	Vivienda unifamiliar	14-167-353800-6-6464
125 Main Street, Apt. 305 Westfield, MA 01085	Bloque de apartamentos	75-344-896002-9-7436
86 Avenue B Belchertown, MA 01007	Vivienda unifamiliar	73-334-9921145-4-4747

Variantes del número de seguro social

Como medida de seguridad no incluimos el número de seguro social que usted nos proporcionó cuando usted nos contactó.
018-38-6414
020-44-3032

Fecha de nacimiento
9/27/1959

No. de licencia de manejo
CA X123456

Números de teléfono

999 999 9999 (particular)
999 999 9009
999 999 8888

Nombre del cónyuge
Jane

Empleos
ABC Corporation
456 Main Street
Anytown, CA 90001

City of Newton

Avisos

La Administración del Seguro Social indicó que el número de seguro social que usted nos proporcionó cuando nos contactó pertenece a una persona fallecida.

El número de seguro social que usted nos proporcionó cuando nos contactó no ha sido emitido por la Administración del Seguro Social.

El número de seguro social que usted nos proporcionó cuando nos contactó indica que se había establecido crédito antes de que se emitiera el número.

El número de seguro social que usted nos proporcionó cuando nos contactó no cumple los requisitos formales de la Administración del Seguro Social.

Muestra

Preparado para	Fecha del informe	Página 8
JOHN Q. CONSUMER	1 de junio de 1999	
Informe número	**¿Preguntas?**	
1687771839	Llame al 1-800-XXX-XXXX	

CÓMO MODIFICAR SU INFORME CREDITICIO 3

Ahora que está familiarizado con el contenido de un informe crediticio y sabe cómo leerlo y entenderlo, usted deberá leer el suyo muy cuidadosamente. Organice toda la información sobre deudas que usó para completar la hoja de trabajo de EVALUACIÓN DE DEUDAS en el Capítulo 1. (Consulte el formulario 1, página 113.) Compare su información con los datos de sus tres informes crediticios separados. Revise todos los datos, incluyendo números de cuenta, saldos elevados y fechas de pago. Para comparar parte de esta información usted deberá revisar sus archivos. Si los artículos en el informe son favorables, no se preocupe mucho por verificarlos. Si son negativos, examine cada uno de ellos para detectar errores.

DISCREPANCIAS RESPECTO A UNA FACTURA DE TARJETA DE CRÉDITO

Si encuentra errores en su factura de tarjeta de crédito más reciente, usted deberá:

- comunicarse directamente con su compañía de tarjetas de crédito—y no la agencia de informes crediticios. (Las agencias de informes crediticios no tramitan estos asuntos.);

- enviar una CARTA A UN ACREEDOR RESPECTO A UN ERROR DE FACTURACIÓN. (Consulte el formulario 9, página 121.) Estos casos no se pueden resolver con una llamada telefónica; usted deberá escribir esta carta para estar cubierto por el Decreto de Facturación de Crédito Apropiada en esta situación;

- enviar la carta dentro de un período de 60 días a partir de la fecha de la factura; y,

- enviar la carta por correo certificado con solicitud de acuso de recibo. (El acreedor tiene 30 días para acusar recibo de su carta.)

Usted puede retener el pago por un artículo disputado en la factura de tarjeta de crédito (no toda la factura de tarjeta de crédito—sólo el artículo disputado). Usted debe:

- intentar primero resolver la discrepancia en la facturación con la tienda en la que adquirió el artículo. (El cargo debe ser de más de $50.);

- informar por escrito a la compañía de tarjetas de crédito sobre la discrepancia, y la tienda debe estar ubicada dentro de un radio de 100 millas con respecto a su lugar de residencia o estar situada en su estado (Decreto de Facturación de Crédito Apropiada). La compañía de tarjetas de crédito no puede reportar su cuenta como cuenta morosa mientras la disputa esté siendo procesada, y debe resolver la disputa dentro de un período de dos ciclos de facturación (o 90 días). Recuerde que debe enviar toda la correspondencia a la dirección de servicio al cliente y no a la dirección para el envío de pagos; y,

- llamar y solicitar esta dirección si no la puede encontrar en su factura.

Cómo corregir su informe crediticio

Después de obtener una copia de su informe crediticio tal como se describe en el Capítulo 2, usted debe revisarla cuidadosamente para detectar errores, información no actualizada, y datos erróneos. Los errores abundan en los informes crediticios, de modo que no debe suponer que el suyo es correcto sin antes revisarlo completamente.

Si ha identificado cualquier punto en su informe crediticio que usted cree que no está actualizado o es erróneo, tiene el derecho de disputarlo bajo la Ley de Informes Crediticios Apropiados. Se le permite disputar cualquier punto que crea razonablemente que está equivocado o incompleto. Para discrepar con un punto, debe enviar una carta a la agencia de crédito por correo certificado.

NOTA: *Acuérdese de mantener un registro de toda la correspondencia y llamadas telefónicas. (Consulte el formulario 6, página 118.)*

Frecuentemente, las agencias de informes crediticios adjuntan un formulario llamado Solicitud de Reinvestigación a su informe crediticio. Usted puede usar este formulario para anotar puntos que desea disputar, o puede enviar una carta, como por ejemplo la CARTA PARA SOLICITAR QUE SE CORRIJA UN ERROR EN EL INFORME CREDITICIO. (Consulte el formulario 10, página 122.) Es preferible no disputar más de tres puntos en una carta. Si desea discrepar con más de tres puntos, use cartas separadas para cada grupo de tres. Una lista larga de disputas podría hacerle pensar a la agencia que usted no es una persona seria y que lo cuestiona todo sólo para crear problemas.

En la mayoría de los estados, la agencia tiene 30 días para comunicarse con usted después de recibir su carta. (En Colorado, Connecticut y Massachusetts, la agencia tiene cinco días para investigar, y en Maine y Maryland dispone de 10 días. Louisiana le otorga 45 días a la agencia.) Al enviar su carta o formulario, asegúrese de incluir cualquier copia de documentos que respalden su reclamación. A usted no le cuesta nada disputar su informe crediticio. Este es su derecho legal, de manera que, ¡no tema ejercerlo!

Si no recibe una respuesta de la agencia dentro de treinta días, envíe una SEGUNDA SOLICITUD DE REINVESTIGACIÓN. (Consulte el formulario 11, página 123.) Una vez que la agencia reciba su solicitud, ésta tiene treinta días para investigar nuevamente los puntos que usted está disputando. Si le proporciona información a la agencia sobre el punto en cuestión, entonces la agencia tiene quince días adicionales para investigar, lo que equivale a un total de 45 días.

La agencia debe comunicarse con el acreedor cuyo punto usted está disputando y tomar en consideración la información y la documentación que recibió de usted. Una vez que han sido revisados los datos, la agencia debe:

- darle los resultados de la reinvestigación dentro de cinco días a partir de la finalización;

- eliminar el punto que disputa si usted tiene razón, o si no se puede verificar. (La mayoría de los acreedores destruyen los expedientes después de 25 meses, de modo que es muy posible que el artículo que está disputando ya no pueda ser verificado.);

- asegurar que un punto que fue corregido no reaparecerá incorrectamente en su informe; y,

- proporcionarle una copia de su informe corregido.

Si la agencia determina que el punto en desacuerdo es correcto y que usted está equivocado, dicho punto permanecerá en el informe.

Si su informe es corregido, la agencia debe enviar una copia del informe corregido a cualquier acreedor que haya solicitado su informe durante el último año y a cualquier empresa que lo haya solicitado durante los últimos dos años en relación con una gestión de empleo.

Espere unos meses después de que su informe crediticio haya sido corregido y luego solicite una copia del mismo. Verifique que el error fue corregido y que no reaparece. Si ha reaparecido (y esto ocurre de vez en cuando), envíe una carta indicando este hecho a la agencia de informes crediticios y detalle el historial de asunto. Use la CARTA PARA SOLICITAR QUE SE ELIMINEN DATOS INCORRECTOS QUE REAPARECEN EN EL INFORME CREDITICIO. (Consulte el formulario 12, página 124.)

DISCREPANCIAS DESPUÉS DE UNA REINVESTIGACIÓN

Si la agencia de crédito determina que un punto que usted disputa es correcto, ésta no eliminará el dato. Si usted aún cree que el punto está equivocado, existen pasos adicionales que puede tomar para tratar de que lo eliminen.

Primero, comuníquese con el acreedor que corresponde al punto en disputa. Haga esto por escrito, usando la CARTA A UN ACREEDOR RESPECTO A DATOS INCORRECTOS EN EL INFORME CREDITICIO. (Consulte el formulario 13, página 125.) Envíe esta carta al departamento de servicio al cliente o, si lo desea, al director de marketing y al presidente o CEO de la compañía. También envíe una copia de la carta a la agencia de informes crediticios. Dé seguimiento a la carta con llamadas telefónicas o visitas en persona a la oficina de servicio al cliente.

Usted no le está pidiendo un favor al acreedor, sino que más bien le está exigiendo que cumpla la Ley de Informes Crediticios Correctos (FCRA, por sus siglas en inglés), que requiere que el acreedor proporcione la información correcta a las agencias de informes crediticios cada vez que se le indique que ha reportado información incorrecta. Insista en que se dé cumplimiento a la ley.

Obtenga cualquier corrección del acreedor por escrito y envíela usted mismo a la agencia de informes crediticios. No se atenga a que el acreedor envíe esta información. Envíela junto con la CARTA PARA INDICAR UN ERROR COMETIDO POR EL ACREEDOR. (Consulte el formulario 14, página 126.)

Si el acreedor no está dispuesto a dialogar o resolver su problema, entonces usted debe contactar a la agencia de informes crediticios y pedirle que se encargue de esta disputa. Esta agencia paga los gastos necesarios para mantener un departamento de servicio al cliente que ayude a los clientes a resolver las discrepancias. Si aún así no logra nada, usted deberá contratar a un abogado para presentar una demanda judicial.

Si está disputando un punto en su informe crediticio referente a un fallo en su contra que ha pagado en su totalidad, usted deberá obtener una exoneración del fallo por parte del acreedor que lo demandó. Use la CARTA PARA SOLICITAR UNA EXONERACIÓN, y envíela por correo al acreedor. (Consulte el formulario 15, página 127.) Después de recibir la exoneración, regístrela con el tribunal en el que se decidió su caso y también envíe una copia de la misma a la agencia de informes crediticios y solicite que eliminen el fallo jurídico de su informe.

CÓMO AÑADIR CUENTAS A SU INFORME CREDITICIO

Al revisar sus informes crediticios, es posible que haya averiguado que tiene cuentas que no fueron incluidas en un informe. Si está tratando de crear un informe crediticio positivo, es posible que usted desee pedirle a las agencias de informes crediticios que incluyan estas cuentas en sus informes. Para hacerlo, envíe la CARTA PARA SOLICITAR LA INCLUSIÓN DE CUENTAS a la agencia de informes crediticios junto con copias de sus estados de cuenta recientes de las cuentas que desea incluir. (Consulte el formulario 16, página 128.) Es posible que le cobren un cargo por esto y no hay nada que obligue a las agencias a cumplir con su solicitud de incluir las cuentas.

También es posible que usted desee comunicarse directamente con los acreedores correspondientes para solicitarles que proporcionen la información a las agencias de informes crediticios.

Si su informe crediticio omite información personal sobre usted, debe enviar la CARTA PARA SOLICITAR QUE SE AÑADA INFORMACIÓN. (Consulte el formulario 17, página 129.) Tal vez desee solicitar que también se incluya información actualizada con respecto a su empleo, residencias anteriores y actuales, número de teléfono, fecha de nacimiento, número de Seguro Social, cuentas bancarias e inversiones. Este tipo de información podría revelar que usted es una persona estable y mejorar su clasificación de crédito. Las agencias no están obligadas a agregar este tipo de información, pero frecuentemente lo hacen si usted lo solicita. Usted debe adjuntar algo que verifique la información que está proporcionando, como por ejemplo una copia de su licencia de conducir, su tarjeta de Seguro Social, etc.

CÓMO AGREGAR UNA DECLARACIÓN A SU INFORME CREDITICIO

Usted tiene el derecho de agregar una declaración de 100 palabras a su informe crediticio para explicar algo en él o para señalar un error que la agencia de crédito no está dispuesta a corregir. Es necesario tomar en cuenta que, aunque la agencia debe aceptar dicha declaración, ésta no está obligada a incluir todo el texto y podría incluir únicamente un resumen de lo que usted ha escrito. Es importante entender que los acreedores frecuentemente hacen caso omiso de este tipo de declaración y que la declaración podría terminar permaneciendo en su expediente aún después de que se elimine el punto que usted está explicando o disputando.

Use la CARTA CON DECLARACIÓN DE 100 PALABRAS al enviar este tipo de declaración a la agencia. (Consulte el formulario 18, página 130.) Asegúrese de enviarla solamente a la agencia que está reportando el punto que usted desea explicar o disputar.

DEMANDAS A UNA AGENCIA DE CRÉDITO

Es posible que usted solicite algunas veces una reinvestigación de un punto incorrecto y que la agencia de crédito no efectúe una reinvestigación o deje el punto incorrecto en su informe a pesar de que una reinvestigación haya demostrado que es incorrecto. Si usted sufre daños serios debido a ello (como por ejemplo si le rechazan un préstamo hipotecario o no lo contratan para un empleo), La Ley de Informes Crediticios Correctos le da el derecho de demandar a la agencia de crédito. Usted tiene un plazo de dos años a partir de la fecha en la que es afectado por la omisión voluntaria o negligente de la agencia de cumplir con la ley para presentar una demanda contra la agencia.

Su demanda podría exigir el reembolso de los costos incurridos debido al error, como por ejemplo salario no devengado, honorarios de abogados, costos judiciales, etc., así como la angustia emocional que usted haya sufrido que hubiera sido causada intencionalmente. También puede demandar a una agencia de informes crediticios por daños punitivos debido a actos malintencionados de la agencia en contra suya, o por negarse a transmitirle su propia información de crédito o por proporcionar información falsa sobre usted. Existen otros tipos de demanda posibles que se basan en el incumplimiento por parte de una agencia de informes crediticios de los reglamentos que indican a quién transmitir el informe crediticio. También puede demandar a un acreedor por no haber corregido errores de facturación.

Las leyes que hemos estado mencionando son leyes federales. Muchos estados tienen leyes sobre acreedores y agencias de informes crediticios. Usted también puede entablar una demanda bajo la ley de su estado siempre y cuando satisfaga los requisitos establecidos por la ley.

Usted deberá consultar a un abogado con experiencia en esta área de la ley. Comuníquese con las asociaciones de abogados de condado, municipales y estatales a nivel local para obtener el nombre de un abogado con experiencia en estos casos en su área local. Muchos abogados tramitarán estos tipos de casos a cambio de un honorario anticipado mínimo (o sin exigir honorarios anticipados) y retendrán un porcentaje de lo que usted gane (lo que se conoce como contingencia).

ORGANICE SU CORRESPONDENCIA

Es importante mantener copias de toda su correspondencia y notas sobre todas las llamadas telefónicas. Use un cartapacio expandible dividido para mantener una sección para cada acreedor, agencia de crédito, o agencia de cobranzas con la que trate. Coloque toda la correspondencia enviada y recibida en el cartapacio.

También debe mantener un **REGISTRO DE CORRESPONDENCIA.** (Consulte el formulario 6, página 118.) Complete una sección de este diario cada vez que reciba o envíe correspondencia o hable por teléfono con acreedores, agencias de cobranzas, agencias de informes crediticios, abogados, etc.

Cómo Reducir Su Deuda y Disponer de Más Dinero en Efectivo

4

Si tiene más deudas de las que puede controlar, la solución más sencilla es disminuir la cantidad de las deudas que debe pagar. Usted se ha endeudado porque no tiene suficiente dinero para pagar sus deudas. Sin embargo, hay medidas que puede tomar para reducir una porción de su deuda. Al hacerlo, no sólo superará las dificultades económicas, sino que además mejorará sus informes crediticios, especialmente si esto significa que podrá hacer los pagos a tiempo para todas sus obligaciones o la mayoría de ellas.

PRIORIZANDO SUS DEUDAS

Lo primero que debe hacer es leer su EVALUACIÓN DE DEUDAS para revisar cuidadosamente las obligaciones que contiene. Complete la LISTA DE DEUDAS POR ORDEN DE PRIORIDAD. (Consulte el formulario 19, página 131.) En este formulario, usted debe anotar sus deudas en orden de importancia. El grado de importancia no se determina de acuerdo a quién lo está molestando más con llamadas o cartas (y si esto es un problema, lea la sección en el Capítulo 1 sobre sus derechos como deudor). El grado de importancia se determina por qué deuda impactará a su vida negativamente más rápido. Debe pensar en las consecuencias de dejar de pagar, y considerar cuán fácil sería para el acreedor suspender el servicio o recuperar la propiedad.

Por ejemplo, si se retrasa seis meses en el pago de su servicio eléctrico, es probable que la compañía de electricidad no demore en desconectarle el servicio a menos que usted le remita un pago. Si se retrasa dos meses en el pago de su hipoteca, el banco no estará muy contento, pero como la ejecución hipotecaria mediante un remate es un trámite costoso, probablemente el banco preferirá esperar más tiempo. Si no le paga a su médico, él se negará a verlo en el futuro y tal vez hasta lo demande en una fecha futura, pero usted podrá recurrir a otro médico en caso de ser necesario. Probablemente, sus tarjetas de crédito se encuentran en la parte inferior de la lista en lo referente al grado de importancia. Las compañías de tarjetas de crédito podrían mostrarse contrariados al no recibir un pago, pero lo único que le pueden hacer a usted es entablar un juicio. Es un trámite que lleva tiempo y es muy problemático para tales compañías.

TRATATIVAS CON SUS ACREEDORES

Al tratar con acreedores, usted deberá mantener buenos expedientes. Prepare un diario y escriba las fechas, las horas y los nombres de las personas a contactar para las llamadas telefónicas, así como el estado de la disputa y cualquier detalle. Incluya la correspondencia por escrito en el diario con la misma información anotada. (Consulte el formulario 6, página 118.) De este modo, usted tendrá un expediente de lo que ocurre y podrá averiguar fácilmente cuándo fue su último contacto y cuál fue el resultado.

ESTABLEZCA SUS PRIORIDADES

Comience con la parte superior de su lista de prioridades en su LISTA DE DEUDAS POR ORDEN DE PRIORIDAD y anote cuánto dinero tiene para pagarle al acreedor para evitar problemas inmediatos. La compañía de electricidad podría conformase con el pago de un solo mes. El banco podría estar dispuesto a aceptar el 60% del pago mensual de su hipoteca durante algunos meses. Es posible que usted no sepa cuánto dinero es necesario pagar hasta que comience a negociar con el acreedor.

TENGA INICIATIVA	Muchas personas prefieren esconderse del acreedor y enviar el dinero tan pronto como les sea posible, esperando que eso resuelva el problema. La mejor solución es tener iniciativa. Si no puede hacer un pago, usted deberá llamar antes de que se venza. Si se ha retrasado con el pago, aún así deberá llamar. Llame al acreedor y dígale al representante que usted está teniendo dificultades financieras. Diga cuál es la razón real, como por ejemplo que lo despidieron del trabajo, está tramitando un divorcio, etc. Por otra parte, es recomendable no decir cuál es la razón real si ésta se debe a haber gastado dinero a lo loco o haberse tomado vacaciones durante todo el verano. Su meta es dar la impresión de ser una persona fiable que está atravesando momentos difíciles. Frecuentemente, los acreedores se apiadan de los consumidores con problemas reales, y usted se sorprenderá favorablemente por la reacción que recibirá.
EFECTÚE ARREGLOS PARA UN PLAN DE PAGO	Al llamar, sea cortés y firme y actúe con calma. Explique que desea hacer arreglos de pago. Dígales cuánto puede pagar este mes y el mes próximo. Establezca claramente que usted tiene la intención de pagar toda la cantidad en el futuro, aún si éste no es el caso.
	También puede considerar la extensión de su plan de pago con pagos menores o la postergación de pagos por un mes. Obtenga todos los planes de pago por escrito. Use la CARTA PARA SOLICITAR UN PLAN DE PAGOS, a efectos de pedir que le envíen un plan de pago por escrito. (Consulte el formulario 25, página 140.)
ESTABLEZCA SU CAPACIDAD DE PAGO	Antes de llamar a un acreedor, usted debe saber exactamente cuánto puede pagar. Podría ser necesario hacer varias llamadas para conseguir que el acreedor esté de acuerdo con aceptar pagos reducidos. Si le dicen que no, siga llamando hasta que le den una respuesta diferente. Pida hablar con un supervisor si no puede convencer al representante. Explique que desea establecer un plan de pago siempre y cuando el acreedor elimine las referencias negativas en su informe crediticio. Uno de los planes podría consistir en que usted acuerde una cantidad determinada y, si cumple con los pagos durante tres meses, el acreedor cambie la clasificación de su cuenta a neutro y posteriormente a positivo si usted continúa pagando durante tres meses adicionales.

La mayoría de los acreedores estarán de acuerdo con aceptar pagos parciales de parte suya. Para los acreedores, recibir una porción del dinero es mejor que no recibir nada. Sin embargo, usted debe estar dispuesto a acudir a ellos y solicitar este tipo de arreglo. Para la mayoría de los acreedores, este tipo de arreglo es más fácil y barato que recuperar la posesión del artículo u obtener un fallo jurídico en su contra.

Éstas son algunas de las estrategias que puede usar con ciertos tipos de deuda:

NEGOCIAR

Alquiler. Negocie con su casero para postergar un pago hasta la terminación del contrato de alquiler. Considere pedir una reducción en la cantidad que paga de alquiler. Trate de ofrecer efectuar reparaciones a la unidad a cambio de una reducción en el alquiler.

Hipoteca. Explique que pagará tarde y pida que no le cobren cargos por mora. Pídale al prestamista que elabore un plan de dificultad financiera. Existen programas para hacer esto mediante préstamos Fannie Mae (202-752-7000) y Freddie Mac (800-FREDDIE). Un plan común es pagar intereses sólo por un período de tiempo determinado. Tome en cuenta que una ejecución hipotecaria toma entre seis y dieciocho meses, de modo que usted tiene tiempo de negociar este tipo de préstamo. Tal vez desee refinanciar su préstamo para obtener una tasa de interés menor con pagos menores. También puede refinanciar y obtener un préstamo por un período más largo.

La venta de su casa y el pago del préstamo es otra opción. Usted puede alquilar su casa por la cantidad de la hipoteca y hacer los pagos usando el alquiler mientras vive de una manera más modesta.

Un último recurso es asignarle la casa al banco con un acto de transferencia de propiedad para evitar los costos de ejecución hipotecaria. La deuda es cancelada sin que aparezcan observaciones negativas en su informe crediticio. También puede tratar de convencer al banco para que acepte una venta pre-ejecutoria, mediante la cual usted vende la casa por sí mismo y le da la cantidad recaudada al banco para cancelar la hipoteca.

Servicios públicos. Considere cambiar a un plan presupuestario. Bajo este tipo de plan, usted paga un promedio mensual de sus cargos anuales, evitando los pagos altos de ciertos meses, o podría establecer un plan de pagos parciales. Siempre y cuando esté efectuando algún tipo de pago, es poco probable que la compañía de servicio público interrumpa su servicio.

Automóviles. Usted puede vender su carro y comprar uno usado. Notifique siempre al prestamista antes de hacer un pago retrasado. Los carros pueden ser recuperados rápidamente. Considere pedir una extensión del préstamo o permiso para diferir un pago. Si tiene un contrato de leasing, termine este contrato temprano. Niéguese a hacer pagos posteriores a la terminación del contrato en base al Decreto de Leasing para Consumidores (United States Code (U.S.C.), Título 15, Sección (Sec.) 1667-1667 c).

Préstamos estudiantiles. Comuníquese con su prestamista antes de atrasarse en sus pagos.

Pida información sobre:

Indulgencia:	El prestamista le permite posponer sus pagos o efectuar reducciones temporales de los mismos.
Aplazamiento:	Esencialmente, el préstamo es suspendido mientras usted esté inscrito en una escuela, no pueda encontrar trabajo, tenga dificultades financieras, esté criando hijos en edad preescolar, o esté incapacitado temporal o permanentemente.
Consolidación:	Usted combina todos sus préstamos en uno solo y hace un pago mensual menor.
Cancelación:	Ciertos préstamos federales pueden ser cancelados completamente si usted está incapacitado, presta servicio militar, enseña ciertas materias o a ciertos tipos de alumnos, trabaja en un cuerpo encargado de imponer el cumplimiento de la ley, ingresa en los Cuerpos de Paz, etc.

Para más información, comuníquese con su prestamista privado o con el Departamento de Educación al 800-621-3115. Al llamar a este número, también le pueden proporcionar un panfleto sobre préstamos estudiantiles.

Impuestos. Al contrario de lo que piensa la gente, el Internal Revenue Service (IRS) está dispuesto a ayudar a los contribuyentes que no pueden pagar sus obligaciones fiscales. Si usted se encuentra en esta situación, comuníquese con su oficina local del IRS para obtener información sobre planes de pago usando la DECLARACIÓN DE INFORMACIÓN SOBRE COBRANZAS A TÍTULO INDIVIDUAL (Formulario 433-A del IRS) y OFERTA DE NEGOCIACIÓN (Formulario 656 del IRS). El Apéndice incluye instrucciones para el formulario 656. (Consulte el formulario 30, página 145.) Complete el formulario 433-A observando las siguientes pautas. (Consulte el formulario 31, página 161.):

☞ Complete sus datos personales en los Puntos 1, 2, 3, 4a, y 4b.

☞ Complete sus datos de empleo en la Sección I.

☞ Proporcione la información solicitada en la Sección II. (La orden de parentesco es: sus hijos, después sus padres, y después sus hermanos. Escriba el nombre de su hijo mayor. Si no tiene hijos, escriba el nombre de uno de sus padres. Si sus padres han fallecido, escriba el nombre de su hermano mayor.)

☞ Incluya una lista de todas sus cuentas bancarias, cuentas de jubilación, certificados de depósito, etc., en el número 13 de la Sección III.

☞ Las tarjetas de crédito y la información sobre préstamos deben ser completadas en el número 14.

☞ Incluya la información sobre cajas de seguridad en el número 15.

☞ Incluya los bienes raíces que posee en el número 16.

☞ Complete la información sobre seguro de vida en el número 17. (Cantidad nominal significa el beneficio por fallecimiento que paga la póliza. El valor del préstamo es la cantidad que puede pedir prestada respaldada por su póliza.)

☞ Incluya sus acciones, bonos y fondos mutuos en el número 18.

☞ Complete el número 19 si cualquiera de los puntos mencionados se aplica a usted.

☞ Complete la tabla en la Sección IV. Anote el valor actual de todos los artículos (valor de mercado actual), cuánto debe por cada uno de ellos (cantidad debida), su patrimonio en el activo, la cantidad de su último pago mensual, el nombre y la dirección del acreedor, la fecha en la que se firmó el préstamo (fecha de extensión) y la fecha en la que se hará el último pago.

☞ No complete la casilla que aparece después de la Sección IV, porque es para uso del IRS solamente.

☞ Proporcione información sobre sus ingresos mensuales en la Sección V y detalle sus gastos de manutención. Sume el total de cada columna.

☞ Firme el formulario y pídale a su cónyuge que también lo haga. Usted puede agregar cualquier información adicional en la casilla debajo del área para firmar y anexar cualquier documento que desee.

Tarjetas de crédito. Recuerde que el interés seguirá acumulándose en las tarjetas de crédito. Negocie la tasa de interés futura. Pida que sea reducida o eliminada durante cierto tiempo. Si tiene varias tarjetas de crédito, puede transferir los saldos a la tarjeta con la tasa de interés más baja y ahorrar mucho dinero al hacerlo. Frecuentemente, las compañías de tarjetas de crédito están dispuestas a extender planes que le permiten pagar el 70% del saldo a cambio de cancelar la deuda.

Bienes en garantía. Si ha comprado artículos para su hogar, como por ejemplo muebles o electrodomésticos, y el prestamista tiene un interés de garantía sobre dichos artículos, es importante entender que el prestamista no puede entrar en su casa para recuperar los artículos sin una orden judicial. Por lo tanto, el embargo de los mismos le costaría tiempo y dinero al acreedor. Esto lo beneficia a usted porque es más probable que estos prestamistas se conformen con un acuerdo extrajudicial para no tener que pagar por recuperar los artículos.

Determine cuál es el valor del artículo bajo disputa. Ofrézcale al acreedor un poco menos como oferta de disposición. Use la **Carta para Ofrecer la Devolución de Bienes en Garantía.** (Véase el formulario 24, página 139.) Si el acreedor debe contratar a un abogado, recurrir a un tribunal, recuperar la posesión del artículo, y después venderlo, la compañía obtendrá menos dinero del que usted ofrece, y su oferta podría ser atractiva. Asegúrese de obtener el acuerdo por escrito y de que cualquier comentario negativo en su informe crediticio por parte de este acreedor sea eliminado como parte del acuerdo.

Es importante recordar que usted obtendrá casi siempre mejores resultados al negociar directamente con un acreedor en vez de hacerlo con una agencia de cobranzas. La agencia de cobranzas está autorizada únicamente para ofrecer ciertas concesiones a los deudores. Si habla directamente con el acreedor, usted podría obtener términos más ventajosos. Si el acreedor no está dispuesto a hablar con usted sobre su deuda, pregunte cuántos pagos debe hacer a la agencia de cobranzas antes de que estén dispuestos a hablar con usted. Algunas agencias de cobranzas compran deudas de los acreedores y tal vez su acreedor original ya no tiene nada que ver con su deuda. Si este es el caso, la agencia de cobranzas puede negociar con usted. Si no está seguro sobre quién es el propietario de la deuda, pregúnteselo al agente de cobranzas, o llame al acreedor original.

Si no está de acuerdo con la cantidad de una deuda, usted deberá hablar sobre esto con su acreedor. La agencia de cobranzas no tendrá ningún expediente aparte de los que indican lo que usted debe actualmente y no puede efectuar ajustes a los errores cometidos por el acreedor.

Elimine deudas que no son suyas

Es posible que tenga deudas atribuidas a usted por las cuales no es legalmente responsable. Es posible que haya celebrado un contrato que no es legal, o tal vez tenga contratos que puede disputar, como por ejemplo si compró un carro defectuoso.

NOTA: *Usted deberá consultar a un abogado o leer sobre la ley contractual para determinar esto – pero en general trate de determinar si la transacción fue fraudulenta o si el contrato fue extremadamente injusto.*

Examine detenidamente sus deudas para detectar si hay alguna por la cual usted no es realmente responsable. También es posible cancelar algunas órdenes o contratos para que usted ya no sea responsable por ellos, como por ejemplo la cancelación de un contrato para cambiar el techo de su casa antes de que el trabajo sea realizado.

Negociando acuerdos extrajudiciales

La reducción de pagos mensuales es una medida temporal para aliviar la deuda y mejorar su crédito. El interés sobre la deuda seguirá acumulándose, especialmente al hacer sólo pagos parciales. Para reducir realmente su deuda, usted debe llegar a acuerdos extrajudiciales. Un acuerdo extrajudicial es un contrato con validez jurídica que finaliza su obligación con el acreedor. Estos son algunos ejemplos de acuerdos extrajudiciales que tal vez desee considerar:

- Usted debe $3000 en su tarjeta Visa. La cantidad original que le cargaron fue $1900. El resto de la cantidad se debe a intereses acumulados. Usted se ha retrasado en sus pagos durante seis meses, y sólo ha podido pagar porciones de las cantidades mensuales. La compañía insiste cada vez más en que usted pague la cantidad mensual completa. Usted llama a la compañía y explica que su situación financiera se ha dificultado desde que se enfermó.

Solución: Acuerde pagarles $2000 de la cantidad que debe mediante un acuerdo extrajudicial. La compañía de crédito decide reportar su cuenta como cuenta al día en los pagos a la agencia de informes crediticios.

- Usted perdió su trabajo y no puede cumplir con el pago de su hipoteca. Usted no puede encontrar un empleo y su esposa espera un bebé. Usted no ha pagado su hipoteca en cuatro meses, pero decide comunicarse con el banco y explicar su situación. Es imposible que usted pueda reunir el dinero para hacer los pagos anteriores o actuales de la hipoteca. Usted sabe que, si no paga, el banco efectuará la ejecución hipotecaria de la casa. El banco lo desalojará, subastará la casa y aceptará un precio menor de lo que realmente vale. La cantidad que debe, y todos los costos de la venta y los procedimientos legales, serán deducidos del precio de venta. El dinero restante le pertenece a usted, pero no recibirá nada a menos que posea una porción alta del patrimonio de la vivienda.

Solución: Usted le dice al banco que le gustaría transferirle las escrituras de la casa como pago de la totalidad de la hipoteca. Usted se liberará de la deuda, no tendrá que hacer pagos y no pagará los costos de venta o ejecución hipotecaria. Este método mantiene limpio su historial de crédito y permite que compre una casa más pequeña y barata una vez que comience a recuperarse.

Estas estrategias básicas se pueden aplicar a cualquier tipo de deuda. Ambas le ofrecen al acreedor menos de la cantidad total debida como pago o le proporciona una garantía hipotecaria como pago total. Si usa una de estas estrategias, usted no sólo eliminará al acreedor y se librará del estrés que siente, sino que además salvará su calificación crediticia. Asegúrese de que el acuerdo extrajudicial estipule que el acreedor está de acuerdo con reportar su cuenta como pagada en su totalidad y eliminar cualquier indicio negativo de su informe crediticio. La mayoría de los acreedores exigirán que usted pague por lo menos el 70% de la deuda antes de eliminar las referencias negativas de su informe crediticio.

Al negociar un acuerdo extrajudicial, usted hace que el acreedor reciba menos de lo que le debe a cambio de un pago inmediato. Los acreedores prefieren recibir dinero en efectivo en vez de insistir en el pago de cuentas durante varios meses o años.

NOTA: *Si debe saltearse un pago en su totalidad, use la la* CARTA PARA SOLICITAR UNA SUSPENSIÓN DE PAGOS TEMPORARIA. *(Véase el formulario 28, página 143.)*

FUENTES DE DINERO EN EFECTIVO

Para usar algunas de las estrategias de reducción de deudas descritas anteriormente, usted necesita obtener el dinero para poder celebrar el acuerdo extrajudicial. Recuerde que hay maneras de encontrar montos elevados de dinero en efectivo, pero también es importante obtener o ahorrar montos bajos de efectivo. Siga algunas de estas sugerencias para recaudar o conservar dinero en efectivo:

- Venda sus inversiones.

- Venda otros activos, como por ejemplo lanchas, colecciones de monedas, su segundo carro, joyas, etc.

- Busque una reducción en las obligaciones de manutención de su hijo.

- Pida un aumento de su salario.

- Use el pago de su reembolso de impuestos o pensión alimenticia.

- Obtenga un segundo empleo. Aún los empleos como niñera o jardinero le pueden ayudar a recaudar el dinero que necesita.

- Transfiera los saldos de sus tarjetas de crédito a una tarjeta con una tasa de interés menor.

- Pídale a sus compañías de tarjetas de crédito que eliminen su cuota anual. La mayoría de ellas están dispuestas a hacer esto.

- Obtenga una segunda hipoteca o préstamo sobre el patrimonio de su casa. Use el dinero para pagar sus acuerdos extrajudiciales y volver a pagar el préstamo con el transcurso del tiempo. Únicamente asegúrese de que podrá hacerse cargo de los pagos mensuales.

- Pida dinero prestado a sus parientes o amigos (pero recuerde que un préstamo pendiente puede alterar drásticamente una relación).

- Aumente el deducible de su seguro o reduzca la cantidad de cobertura que tiene.

- Cancele la protección para sobregiros en sus cuentas bancarias. Esto sólo le da una excusa para sobregirar su cuenta.

- Deshágase de los cheques que ha recibido de su compañía de tarjetas de crédito. La tasa de interés para estos préstamos lo aniquilará.

- Cancele las coberturas de seguro que ha comprado de sus compañías de tarjetas de crédito. El precio que paga por ellas es excesivo. Si cree que debe tener algún tipo de seguro de vida, compare lo que le ofrecen los agentes de seguros locales.

- Cancele los seguros contra robo o pérdida de tarjetas de crédito que haya comprado. Usted no los necesita, porque solo es responsable por los primeros $50 usados en una tarjeta después de reportarla como robada o extraviada.

- Retire dinero de sus cuentas bancarias en el banco y no usando los cajeros automáticos, donde tal vez le cobran cargos.

- Organice una venta de artículos de segunda mano (garage sale).

- Venda artículos a una casa de empeño. Tenga en cuenta que al hacerlo probablemente recibirá únicamente alrededor del 50% del valor del artículo.

- Venda artículos a una tienda de consignación.

- Intercambie bienes y servicios, como por ejemplo reparar el carro de su vecino a cambio de un corte de pelo.

- Recorte cupones, aproveche los descuentos en las tiendas y use los cupones de reembolso (rebates).

- Convierta a uno de sus pasatiempos en un negocio lucrativo. Venda pasteles hechos en casa a un restaurante local, o pajareras en un mercado (al aire libre).

- Venda su carro y cómprese uno usado más barato o recurra al transporte público hasta que pueda pagar por uno nuevo.

- Venda su casa y cómprese una más pequeña y barata.

- Múdese a la casa de familiares o amigos temporalmente para ahorrarse el pago de alquiler.

- Solicite asistencia pública si está desempleado o incapacitado. Este dinero no será suficiente ni para obtener un acuerdo extrajudicial de tamaño moderado, pero permitirá que usted compre artículos de primera necesidad.

- Cancele su servicio de cable.

- Devuelva los artículos que ha comprado pero que no necesita. Haga que le devuelvan su dinero si tiene el recibo. De lo contrario, obtenga más crédito para comprar las cosas que sí necesita.

- Pida libros prestados de la biblioteca en vez de comprarlos.

- Alquile videos en vez de ir al cine.

- Cocine en casa en vez de comer afuera.

- Póngase a dieta.

- Haga sus propias reparaciones, lave su propia ropa o proporciónese otros servicios a sí mismo.

- Sugiera a sus hijos adolescentes que consigan empleo y contribuyan a los gastos de la casa.

- Compre productos de marcas genéricas en vez de marcas de renombre.

- Plante un huerto de legumbres en su casa.

- Hágase miembro de un club mayorista y compre a granel. Divida las cantidades grandes con sus amigos.

- Use una manguera en vez de ir al lavado de carros.

- Trasládese en carro con otras personas tomando turnos para no tener que manejar su carro en todo momento.

- Use transporte público para ir al trabajo en vez de manejar.

- Monte en bicicleta o, de ser posible, camine para trasladarse de un lugar a otro.

- Cancele su servicio de larga distancia.

- Apague las luces al salir de un cuarto de su casa.

- Baje la calefacción durante la noche y al salir de su casa.

- Abra las ventanas en vez de usar el aire acondicionado.

- Use métodos de control de natalidad para evitar embarazos no deseados.

- Mantenga el dinero en efectivo extra en una cuenta de ahorro que le permita ganar intereses.

- No compre nada que no necesite.

- Deje de tomar bebidas alcohólicas o fumar.

- Lleve café y su almuerzo hecho en casa en una bolsa al trabajo.

- Deje de donar dinero a instituciones de caridad hasta que esté en condiciones para hacerlo.

- Reduzca drásticamente la cantidad de regalos que da.

- Cancele sus suscripciones a periódicos y revistas.

- Compre artículos en tiendas de segunda mano.

- Acepte las prendas usadas que les ofrecen a sus hijos.

- Cancele sus tarjetas de crédito para no cargar más de lo que puede pagar.

- Pida que le deduzcan menos de su cheque par el pago de los impuestos (pero asegúrese de que no deberá dinero).

- Cancele su cuenta de Internet e inscríbase en un servicio gratuito o en una compañía que le pague a usted por navegar la Web.

- Aprenda cómo crear un presupuesto y adherirse a él (Capítulo 8).

- Averigüe si califica para recibir asistencia de un depósito de comida benéfico local o de otra institución de caridad.

PROBLEMAS CON JUICIOS Y GRAVÁMENES

Si ha estado teniendo problemas con sus deudas por algún tiempo, es posible que exista un fallo jurídico en su contra. Un fallo es una orden judicial que específica que usted tiene que pagar la cantidad que debe. Un fallo le da al acreedor el derecho de embargar su salario o sus activos. Un gravamen es una orden judicial que le da al acreedor un interés en una porción de propiedad que usted posee. Si algún día vende la propiedad, el acreedor debe recibir los fondos de la venta. Usted tiene el derecho de entablar un juicio para disputar este derecho.

NOTA: *Si no tiene el dinero para pagarle a un abogado, comuníquese con su Asociación de Asistencia Local para que lo ayuden. Muchas asociaciones legales cuentan con abogados que proporcionan ayuda legal como voluntarios a personas que no tienen el dinero para pagar este servicio. Llame a la asociación legal local de su condado o ciudad para indagar sobre esto.*

Es importante entender que una vez que se ha dictaminado un embargo contra su propiedad, la única manera de anularlo es mediante el pago del dinero debido o llegar a un acuerdo extrajudicial con el acreedor.

Aún si han comenzado los procedimientos judiciales, todavía queda tiempo para llegar a un acuerdo extrajudicial. Diríjase al abogado de su acreedor (si usted tiene un abogado, esa persona hará esto por usted) y ofrezca resolver el caso a cambio de cierta cantidad de dinero. Comience con 40% del monto total que debe. Esto le ahorrará tiempo y dinero en costos legales al acreedor.

Una vez que un tribunal decida que usted debe total o parcialmente la cantidad que solicita el acreedor, se emitirá un fallo o gravamen en su contra. Esto podría incluir el decomiso de su salario (reteniendo una porción de su cheque de pago) y el embargo de sus activos y cuentas bancarias. Después de que se emite el fallo o embargo, usted todavía puede comunicarse con su acreedor para llegar a un acuerdo extrajudicial. El acreedor podría aceptar porque embargar activos, tramitar la orden de embargo, y decomisar su salario puede ser costoso y lento. Asegúrese de que, si arregla extrajudicialmente el fallo de este modo, el acreedor procese la documentación en el tribunal indicando que está conforme con la manera en la que concluyó el fallo.

Es importante tomar en cuenta que algunas personas son jurídicamente insolventes. Esto significa que tienen pocos activos o carecen de ellos, no devengan un salario (aparte de la asistencia que reciben del gobierno), y básicamente no tienen nada que el acreedor pueda quitarles. Si usted se encuentra en este caso, tal vez prefiera no intentar llegar a un acuerdo extrajudicial para su cuenta. Sin embargo, usted debe estar conciente de que si usa este método para evitar juicios en su contra, le será extremadamente difícil obtener crédito. Además, si cambia su situación en el futuro, usted no tendrá fallos y embargos que deba pagar. Si usted carece de efecto jurídico, puede usar la CARTA PARA EXPLICAR SU CONDICIÓN DE INSOLVENTE para informar a sus acreedores sobre ello. (Consulte el formulario 26, página 141.) Esto desanimará a muchos y preferirán no intentar cobrar la deuda, puesto que no podrán cobrar nada. Si usted planea declararse en bancarrota, también debe informar a sus acreedores sobre el particular, porque evitará que ellos sigan tratando de cobrar. Use la CARTA PARA NOTIFICAR SUS INTENCIONES DE DECLARARSE EN BANCARROTA. (Consulte el formulario 27, página 142.)

CONSTANCIA
DE PAGO

Ya sea que usted llegue a un acuerdo extrajudicial con su acreedor antes, durante o después de un caso judicial o pagar un fallo en su totalidad, usted deberá asegurarse de recibir un comprobante de pago. Al llegar a un acuerdo extrajudicial, usted no debe enviar ningún dinero hasta tener un documento legal en sus manos que indique los términos del acuerdo extrajudicial. Guarde una copia para usarla como referencia. Efectúe el pago después de firmar este documento y solicite un recibo o comprobante de pago por parte del acreedor. Guarde estos documentos.

En caso de llegar a un acuerdo extrajudicial o pagar un fallo, el acreedor es responsable de procesar un finiquito de fallo con el tribunal, indicando que usted ha pagado completamente la cantidad que debe. Si no recibe una copia solicítela una. Tal vez sea necesario insistirle constantemente al acreedor para que tramite este documento porque frecuentemente esto no goza de alta prioridad. Si usted debe impuestos, es posible que el IRS haya emitido un gravamen fiscal en su contra. Solicite un Certificado de Finiquito del Embargo Fiscal Federal del IRS por cada embargo en contra suya que haya pagado en su totalidad. Tome las medidas necesarias para que las agencias de informes crediticios se comuniquen con el IRS a efectos de verificar el finiquito de los embargos.

CIERRE DE SUS CUENTAS

Si debe una cantidad considerable y muchas de sus cuentas están reportándolo a usted como consumidor infractor a las agencias de informes crediticios, tal vez desee cerrar todas sus cuentas de tarjeta de crédito. Al cerrar una cuenta, usted sigue siendo responsable por todos los cargos e intereses anteriores sobre la cuenta, pero al mismo tiempo evita que se agreguen más cargos a la cuenta y empeore su situación. Use la la CARTA PARA CERRAR UNA CUENTA para notificar al acreedor con el que desea cerrar una cuenta. (Consulte el formulario 29, página 144.)

Cómo
Obtener Ayuda 5

Buscar ayuda para resolver sus problemas no tiene nada de malo. ¿Cuándo es posible que necesite ayuda? Probablemente usted necesite ayuda si no tiene suficiente dinero para hacer los pagos reducidos de sus cuentas. Probablemente necesite ayuda si no puede preparar un presupuesto o si lo puede preparar pero no puede adherirse a él sin importar cuánto se esfuerce en hacerlo. Usted necesita ayuda si su informe crediticio contiene errores y usted no puede hacer que se los corrijan según hemos explicado en el Capítulo 3, o si usted ha llegado hasta el límite en cuanto a tratar de corregirlos. Si corre el riesgo de perder su casa o su carro y no tiene dinero suficiente para sobrevivir, usted necesita ayuda.

¿A QUIÉN RECURRIR?

Si corre el riesgo inminente de perder su casa o se encuentra en otra situación de emergencia, piense en recurrir a un abogado para tratar sobre la declaración de bancarrota según se describe más adelante. Si se siente muy deprimido o experimenta tendencias suicidas, usted debe obtener ayuda de un profesional de la salud mental. No se avergüence de estas situaciones. Tomando en cuenta las dificultades que ha enfrentado, esto es una reacción normal. Si se encuentra en una situación en la que no tiene dinero y no puede pagar por los artículos de primera necesidad, debe buscar la asistencia de su departamento local de servicios sociales.

ENTIDADES QUE LO PUEDEN AYUDAR

ASESORÍA DE
CRÉDITO PARA
CONSUMIDORES

Existen agencias que lo pueden ayudar a controlar su deuda. El Servicio de Asesoría de Crédito para Consumidores (CCCS, por sus siglas en inglés) es la más conocida. Ésta es una corporación sin fines de lucro financiada por acreedores. El CCCS puede ayudarlo a elaborar un plan de pago para controlar toda su deuda. Básicamente, el CCCS negocia con los acreedores en su nombre para reducir los intereses o los pagos. Su deuda es organizada en un pago mensual menor que el total de sus obligaciones mensuales regulares. Esta agencia también procura impartir instrucción financiera y crediticia a sus clientes con el fin de evitar problemas en el futuro. Usted paga un honorario mensual pequeño al CCCS por el servicio. Su informe crediticio no incluirá nada que indique que usted se ha comunicado con esta agencia. Sin embargo, debe estar consciente de que el CCCS no puede reducir su deuda y que requiere que usted pague todas sus deudas en su totalidad. Si no cumple con los pagos, sus acreedores tomarán acciones para cobrar. Tome en cuenta que podría haber una lista de espera en el CCCS, y también que el plan de pago que le establecen podría durar un máximo de 42 meses.

Comuníquese con el CCCS marcando el 800-388-2227 o busque el número de teléfono de la oficina más cercana en la guía telefónica, o mediante:

http://www.consumercounseling.com

Consumer Counseling Centers of America es una organización similar al CCCS y usted puede comunicarse con ella marcando el 202-637-4851, o en:

http://www.consumercounseling.org

DEUDORES
ANÓNIMOS

Deudores Anónimos ofrece un programa de doce etapas similar al de Alcohólicos Anónimos. El programa ha sido diseñado para ayudar a personas que tienen un problema de deudas recurrente a superarlo. Comuníquese con esta organización marcando el 781-453-2743 o visite su sitio en la Web en la siguiente dirección:

http://www.debtorsanonimous.org

CENTRO
NACIONAL DE
EDUCACIÓN
FINANCIERA

Otra organización que debe considerar es el Centro Nacional de Educación Financiera. Ésta es una entidad sin fines de lucro que trabaja con los consumidores para ayudarlos a administrar, invertir, ahorrar y gastar dinero de manera razonable. Esta organización publica boletines mensuales y un paquete informativo sobre tarjetas de crédito disponibles. Comuníquese con tal organización marcando el 619-232-8811, o en:

http://www.ncfe.org

BETTER
BUSINESS
BUREAU

Better Business Bureau puede ayudarlo con sus quejas y reclamaciones respecto a comercios, reparación de crédito, o agencias de informes crediticios que son miembros de la asociación. Busque el número de la oficina local en la guía telefónica. La dirección de la oficina nacional es:

4200 Wilson Blvd.
Arlington, VA 22203

ALIANZA
NORTEAMERICANA
DE CONSUMIDORES

La Alianza Norteamericana de Consumidores es un grupo de protección de consumidores que les puede ofrecer asistencia a los consumidores que experimentan problemas de crédito o deudas. Esta organización puede ofrecer referencias para\abogados que se especializan en ley crediticia. Su dirección y número de teléfono es:

6911 South 1300 East, Suite 500,
Midvale, UT 84047
800-497-NACA

CENTRO
NACIONAL DE
INFORMACIÓN
SOBRE FRAUDES

El Centro Nacional de Información Sobre Fraudes puede proporcionar asistencia a consumidores que han sido víctimas de fraude por parte de organizaciones de reparación de crédito. Comuníquese con este centro marcando el 800-876-7060, o a través de:

http://www.fraud.com

AUTORIDADES
BANCARIAS
ESTATALES

Las autoridades bancarias estatales regulan y supervisan a los bancos constituidos en el estado. Muchas también se encargan de problemas con otras instituciones financieras. Estas agencias pueden contestar preguntas sobre crédito y también sobre banca. Comuníquese con su agencia estatal para averiguar exactamente qué servicios le pueden ofrecer. Puede encontrar una lista de autoridades bancarias estatales al final de este capítulo al inicio de la página xx.

OTRAS FUENTES
DE AYUDA

También puede obtener información del gobierno federal sobre los programas y servicio que ofrece en:

http://www.pueblo.gsa.gov

Un sitio en la Web que contiene mucha información sobre crédito y deuda es:

http://www.creditpage.com

Si desea información legal más allá de lo que ofrece este libro, accese el sitio **http://www.findlaw.com**. Todos los estatutos federales y estatales pueden ser accesados en este sitio, así como muchos fallos jurídicos. Si necesita asistencia legal pero no puede pagar los honorarios de un abogado, es posible que reúna los requisitos para recibir servicios legales gratuitos. Comuníquese con Legal Services Corporation (202-336-8800 o el 202-336-8959, dirección electrónica **http://www.lsc.gov**) o la Asociación Nacional de Defensa y Asistencia Legal (202-452-0620, dirección electrónica **http://www.nlada.org**).

El sitio **http://www.creditguide.com** incluye una sección sobre cómo crear buen crédito.

El sitio **http://www.debtwizards.com/consolidate.html** proporciona información sobre cómo consolidar sus deudas.

El sitio **http://www.freecreditanalyzer.com** ofrece análisis de crédito.

El sitio **http://www.quicken.com/shopping/parenting** tiene un planificador de reducción de deuda y otras herramientas de cálculo.

Otras agencias de reparación de crédito

Hay muchas compañías que anuncian que pueden ayudarle a reducir o eliminar sus deudas y reparar fácilmente sus problemas de crédito. Debido a que estas compañías tienen un historial de ser poco honradas, el Decreto de Organizaciones de Reparación de Crédito fue aprobado por el Congreso para tratar de controlar algunos de los problemas que han ocurrido con estos tipos de compañías. Bajo este decreto, es ilegal que una de esas agencias aconseje a un consumidor alterar su identificación (como por ejemplo usar un nombre diferente para obtener crédito) y ocultar información exacta en un informe crediticio.

Las agencias de reparación de crédito no pueden aceptar ningún pago antes de trabajar para un consumidor y también deben darle a cada cliente una declaración de sus derechos. Usted tiene el derecho de cancelar cualquier contrato que haya firmado con la agencia de reparación de crédito dentro de un período de tres días después de firmar. Si una agencia le pide que le pague por adelantado, no le da una declaración de sus derechos, o sugiere que usted use un nombre o identidad diferente para obtener crédito, usted debe rechazar sus servicios y denunciarla a las autoridades locales. Si participa en cualquier actividad ilegal con una agencia de reparación de crédito, aún si tal actividad ha sido idea del personal de la agencia y ellos le proporcionan la documentación, usted podría ser llevado a juicio y estar expuesto a que lo encarcelen.

En general , usted debe desconfiar de cualquier persona que le promete soluciones rápidas y fáciles para sus problemas de crédito. No hay nada que una agencia de reparación de crédito pueda hacer que usted no pueda hacer por sí mismo. El proceso de reparación de crédito no funciona por arte de magia y no hay nada tan altamente técnico como para que el consumidor promedio no lo pueda realizar. No permita que nadie lo presione a hacer cosas que usted cree que no son honradas o posiblemente son ilegales.

AGENCIAS GUBERNAMENTALES

Las agencias gubernamentales como la Comisión Federal de Comercio (FTC, por sus siglas en inglés), o la oficina del Fiscal General del estado (en la sección gubernamental de su guía telefónica) puede ayudarlo si necesita información sobre las leyes de crédito o si usted está experimentando dificultades tratando con un acreedor o agencia de informes crediticios. La FTC mantiene expedientes sobre agencias de informes crediticios y puede enjuiciarlas si violan la ley. Si usted tiene una queja contra una agencia de informes crediticios, debe notificarlo siempre a la FTC. Es poco probable que esta comisión se involucre en su situación particular, pero la información que les proporcione puede ayudarlos si parece que hay una tendencia continua de problemas con una agencia. Puede comunicarse con la FTC a la siguiente dirección:

6th and Pennsylvania Avenue NW
Washington, D.C. 20580
http://www.FTC.gov

CUÁNDO CONTRATAR A UN ABOGADO

Sólo porque está experimentando problemas con su crédito o de deudas, usted no necesita contratar automáticamente a un abogado. Puede negociar arreglos con sus acreedores por sí mismo sin tener a un abogado. Puede hacer que se efectúen cambios a un informe crediticio por sí mismo. Es probable que usted haya visto anuncios publicitarios de abogados que reclaman que pueden reducir su deuda y ayudarlo a evitar la bancarrota. Usted puede hacer solo la mayoría de lo que ofrecen siguiendo los procedimientos y sugerencias en este libro.

Hay veces en las que un abogado podría ser útil. Si usted trata con agencias de informes crediticios sobre una partida incorrecta en su informe, y ha enviado cartas y ha hecho llamadas de teléfono durante varios meses y no ha avanzado mucho, podría ser una buena idea contratar a un abogado.

Esto no significa que debe pagar honorarios anticipados y después ser facturado por hora. Comience contratando a un abogado sólo para escribir una carta sencilla en su nombre para enviarla a la agencia de crédito. El papel membretado de un abogado llamará la atención más que cualquier otra carta que usted envíe y podría ser el elemento que haga que el asunto "se mueva". Puede negociar con el abogado sobre cuánto le cobrará en caso de que se necesiten otros servicios tales como llamadas de teléfono o más cartas.

Si ha recibido documentación judicial, tal vez desee consultar a un abogado para por lo menos hacer que los revise y le ayude a entenderlos completamente. Si lo están demandando por no pagar una deuda que debe y no tiene a nadie que lo represente, es muy probable que esté desperdiciando dinero si contrata a un abogado para que lo defienda en el caso. Si se siente incómodo o incapacitado para llegar a un acuerdo extrajudicial con el abogado del acreedor, puede contratar a un abogado para el propósito específico de llegar a un acuerdo extrajudicial.

Si cree que por lo menos necesita considerar la posibilidad de declararse en bancarrota, usted debe comunicarse con un abogado para una consulta gratis. Para encontrar a un abogado especializado en bancarrota, comuníquese con los abogados con los que ha tenido contacto anteriormente para que le den una referencia, o llame a la asociación legal de su estado, condado o ciudad para que lo remitan a un abogado de su área especializado en tramitación de bancarrotas.

BANCARROTA

La *bancarrota* es un procedimiento que puede procesar en un tribunal federal de bancarrota que le permite exhonerarse (eliminar) de su deuda total o parcialmente. Una de las cosas más importantes y beneficiosas sobre la bancarrota es que en el instante en que presenta su petición con el tribunal declarando que pide ser declarado en bancarrota, todos sus acreedores deben dejar de cobrar. Esto se denomina suspensión automática y puede ayudar mucho a aliviar la tensión y el pánico que siente. Esto significa que los acreedores no pueden apropiarse de su carro, decomisar su salario, llamarlo para hablar de la deuda o tratar de cobrar de cualquier manera. Al declarar la bancarrota, se designa a un fideicomisario para que se encargue del caso. El fideicomisario divide sus activos entre sus acreedores.

Existen dos tipos de bancarrota disponibles para los consumidores: Capítulo 7 y Capítulo 13. Usted debe residir en el estado durante 90 días antes de declarar la bancarrota en ese estado. Para declarar la bancarrota, usted necesitará a un abogado que exigirá pago. También debe pagarle una tasa judicial al tribunal correspondiente. El abogado completará la Petición de Bancarrota, documento muy extenso que incluye sus datos personales y detalla todos sus activos y deudas.

Al declarar la bancarrota, todos sus activos y deudas pasan a ser controlados por el tribunal. Es importante entender que hay algunos activos que se denominan activos exentos. Esta categoría de artículos que no le pueden quitar incluye ropa, comida, libros, objetos personales, carro, algunos tipos de bienes raíces, muebles, ciertas cantidades de dinero en efectivo, y anillo de bodas. La ley que determina qué artículos están exentos varía en cada estado, pero en general se le permite conservar los objetos que necesita para su subsistencia diaria. Sus activos no exentos son aquellos que el tribunal puede dividir entre sus acreedores. Este tipo de activos incluye inversiones, cantidades elevadas de dinero, y objetos valiosos que posee.

Es importante estar consciente de que recientemente ha habido un esfuerzo por parte de los jueces de bancarrota de crear más trabas para las personas que desean declarar la bancarrota porque en los últimos años se han cometido muchos abusos. También es importante saber que si usted cree que va a declararse en bancarrota NO DEBERÍA usar sus tarjetas de crédito hasta el límite inmediatamente antes de hacerlo. El tribunal considerará que esto es un abuso y es posible que no incluya esas deudas en la bancarrota.

Los dos tipos de bancarrota para consumidores aparecen explicados detalladamente a continuación:

CAPÍTULO 7   La bancarrota de este tipo le permite al deudor extinguir (o eliminar) todas sus deudas y también se le conoce con el nombre de bancarrota de liquidación. Esto podría parecer una buena oportunidad, pero no es tan sencillo. Cuando un deudor declara la bancarrota cubierta por el *Capítulo 7*, el fideicomisario toma posesión (legalmente) de todas las posesiones de los deudores que no están exentos bajo la ley estatal o federal. El fideicomisario liquida o vende todos sus activos no exentos y usa el efectivo para pagarles a sus acreedores (la mayoría de ellos recibe como máximo un pequeño porcentaje de la cantidad total debida). Todas las deudas son extinguidas, o perdonadas, y eliminadas completamente de su historial. Aún si esto parece ser una buena oportunidad, tome en cuenta que no todas las deudas pueden ser extinguidas en una bancarrota. Los impuestos, la manutención infantil, la pensión alimenticia, los préstamos educativos, y otras deudas especiales no pueden ser extinguidos nunca en una bancarrota. Usted será responsable del pago de estos tipos de deuda sin importar qué ocurra.

Usted puede declarar la bancarrota de tipo *Capítulo 7* sólo cada seis años y debe tener en cuenta que los tribunales de bancarrota en algunas áreas se han abocado a combatir lo que consideran el abuso del trámite de bancarrota por parte de los consumidores. Algunas bancarrotas cubiertas por el *Capítulo 7* han sido rechazadas cuando parece que el deudor acumuló deudas sin tener planes para poder pagarlas. Las bancarrotas de tipo *Capítulo 7* aparecen en los informes crediticios durante un período de 10 años después de la extinción.

Una bancarrota de tipo *Capítulo 7* puede ayudar a muchas personas que se ven inundadas por sus deudas y no tienen esperanzas de llegar a un acuerdo extrajudicial o no pueden hacer pagos negociados a sus acreedores. Por otra parte, esta bancarrota puede perjudicar su crédito durante mucho tiempo.

CAPÍTULO 13   Las bancarrotas de tipo *Capítulo 13* también se conocen con el nombre de reorganizaciones. Una bancarrota de este tipo le permite al deudor retener la mayoría de los activos y hacer los arreglos para el pago parcial o total de las deudas pendientes en un plazo de tres a cinco años. Los acreedores deben recibir por lo menos tanto como hubieran recibido en una situación bajo el *Capítulo 7*. El deudor debe pagar al plan todos sus ingresos disponibles (no necesarios para artículos de primera necesidad). El dinero es transferido al fideicomisario, quien después les paga a los acreedores. El mayor beneficio de un plan cubierto por el *Capítulo 13* es que le permite al deudor retener los activos que hubieran sido liquidados en un plan bajo el *Capítulo 7*. Sin embargo, una bancarrota cubierta por el *Capítulo 13* también aparecerá en su informe crediticio durante un período de 10 años.

Si tiene problemas para efectuar pagos hipotecarios o se encuentra en una situación similar, le conviene más llegar a un acuerdo con sus acreedores independientemente y encontrar una manera de ponerse al día para que los pagos retrasados o no cancelados aparezcan en su informe crediticio durante sólo 7 años. Los acreedores le temen más a las bancarrotas en un informe crediticio que a los pagos retrasados. Normalmente, los acreedores no reciben la totalidad de los pagos en una bancarrota, pero si el deudor sólo se retrasa, todavía pueden generar utilidades.

Otros beneficios de los planes cubiertos por el *Capítulo 13* incluyen la inclusión de los impuestos en el plan y la consolidación de préstamos. Sin embargo, no hay cargos por intereses.

En general, le conviene más tratar por sí mismo de llegar a sus propios arreglos extrajudiciales o planes de pago con sus acreedores que declarar la bancarrota cubierta por el *Capítulo 13*. Mantenga esta opción como último recurso.

Si ya comenzó a tramitar la declaración de bancarrota anteriormente antes de leer este libro y cree que cometió un error al hacerlo, tal vez pueda anular su petición de bancarrota, dependiendo de la jurisdicción de su caso. Usted deberá consultar a su abogado respecto a este tema.

AUTORIDADES BANCARIAS ESTATALES

Alabama
Norman B. Davis Jr., Superintendent of Banks
Center for Commerce
401 Adams Avenue, #680
Montgomery, AL 36130-1201
334-242-3452
Fax: 334-242-3500
website: www.legislature.state.al.us

Alaska
Franklin T. Elder, Director of Banking
Securities and Corporations
Department of Commerce
P.O. Box 110807
150 Third Street Rm 217
Juneau, AK 99811-0807
907-465-2521
TDD: 907-465-5437
Fax: 907-465-2549
email: dbsc@dced.state.ak.us
website: www.dced.state.ak.us

Arizona
Richard C. Houseworth, Superintendent of Banks
Arizona State Banking Department
2910 North 44th Street
Suite 310
Phoenix, AZ 85018
602-255-4421
Toll free in AZ: 1-800-544-0708
Fax: 602-381-1225
website: www.azbanking.com

Arkansas
Frank White, Bank Commissioner
Arkansas State Bank Department
Tower Building
323 Center Street, Suite 500
Little Rock, AR 72201-2613
501-324-9019
Fax: 501-324-9028
email: asbdbanking.state.ar.us
website: www.state.ar.us/bank

California
Donald R. Meyer, Commissioner
Department of Financial Institutions
State of California
111 Pine Street, Suite 1100

San Francisco, CA 94111-5613
415-263-8507
Fax: 415-989-5310
email: consumer@dfi.ca.gov
website: www.dfi.ca.gov

Colorado
Richard Fulkerson, State Bank Commissioner
Department of Regulatory Agencies
Division of Banking
1560 Broadway
Suite 1175
Denver, CO 80202
303-894-7575
Fax: 303-894-7570
email: banking@dora.state.co.us
website: www.dora.state.co.us/banking/

Connecticut
John P. Burke, Banking Commissioner
Connecticut Department of Banking
260 Constitution Plaza
Hartford, CT 06103
860-240-8200
Toll free in CT: 1-800-831-7225
Fax: 860-240-8178
email: john.burke@po.state.ct.us
website: www.state.ct.us/dob

Delaware
Robert A. Glen, State Bank Commissioner
555 East Lockerman Street, Suite 210
Dover, DE 19901
302-739-4235
Fax: 302-739-3609
website: www.state.de.us/bank

District of Columbia
S. Kathryn Allen,
Commissioner of Banking and Financial Institutions
Office of Banking & Finance
1400 L Street NW
Washington, DC 20005
202-727-1563
Fax: 202-727-1588
website: www.obfi.dcgov.org/

Florida
Robert Milligan, State Comptroller
Department of Banking and Finance
101 E. Gaines Street
Tallahassee, FL 32399-0350
850-410-9370
850-410-9275 (investigations)
Toll free in FL: 1-800-848-3792
Fax: 850-410-9026
email: dbf@mail.dbf.state.fl.us
website: www.dbf.state.fl.us

Georgia
Jenny L. Neville, Legal & Consumer Affairs Specialist
State of Georgia (Dept of Banking & Finance)
2990 Brandywine Road, Suite 200
Atlanta, GA 30341-5565
770-986-1633
email: neville@dbf.state.ga.us

Hawaii
Lynn Y. Wakatsuki, Commissioner
Financial Institutions
State of Hawaii
P.O. Box 2054
1010 Richards Street Rm 602A
Honolulu, HI 96805
808-586-2820
Toll free in Kauai: 1-800-274-3141
Toll free in Maui: 1-800-984-2400
Toll free in Hawaii: 1-800-974-4000
808-586-2820
Fax: 808-586-2818

Idaho
Gavin Gee, Director
State of Idaho Department of Finance
700 West State Street
2nd Floor
Boise, ID 83720-0031
208-332-8000
Toll free in ID: 1-888-346-3376
Fax: 208-332-8098
email: finance@fin.state.id.us
website: www.state.id.us/finance/dof.htm

Illinois
William Darr, Commissioner of Banks and Real Estate
Illinois Office of Banks and Real Estate

310 South Michigan Avenue, Suite 230
Chicago, IL 60604-4278
312-793-3000
Toll free: 1-877-793-3470
TDD/TTY: 312-793-0291
Fax: 312-793-0291
website: www.state.il.us/obr

Illinois Office of Banks and Real Estate
Springfield Office
500 East Monroe Street
Springfield, IL 62701-1509
217-782-3000
TDD/TTY : 217-524-6644
Fax: 217-524-5941
website: www.state.il.us/obr

Indiana
Charles Phillips, Director
Department of Financial Institutions
402 West Washington Street
Room W-066
Indianapolis, IN 46204-2759
317-232-3955
Toll free in IN: 1-800-382-4880
Fax: 317-232-7655
email: cphillips@dfi.state.in.us
website: www.dfi.state.in.us

Iowa
Holmes Foster, Superintendent of Banking
Iowa Division of Banking
200 East Grand, Suite 300
Des Moines, IA 50309
515-281-4014
Toll free nationwide: 1-800-972-2018
Fax: 515-281-4862
email: idob@max.state.ia.us
website: www.idob.state.ia.us

Kansas
Franklin W. Nelson, State Bank Commissioner
Office of the State Bank Commissioner
700 Jackson Street, Suite 300
Topeka, KS 66603-3714
785-296-2266
Fax: 785-296-0168
website: www.ink.org/public/osbc

Kentucky
Ella Robinson, Commissioner
Department of Financial Institutions
1025 Capitol Center Drive
Suite 200
Frankfort, KY 40601
502-573-3390
Toll free: 1-800-223-2579
Fax: 502-573-8787
website: www.dfi.state.ky.us

Louisiana
Doris Gunn, Acting Commissioner
LA Office of Financial Institutions
P.O. Box 94095
Baton Rouge, LA 70804-9095
225-925-4660
Fax: 225-925-4524
email: la_ofi@mail.premier.net
website: www.ofi.state.la.us

Maine
Howard R. Gray, Jr., Superintendent of Banking
36 State House Station
Augusta, ME 04333-0036
207-624-8570
Toll free: 1-800-985-5235
TDD: 207-624-8563
Fax: 207-624-8590
website: www.mainebankingreg.org

Maryland
Mary Louise Preis, Commissioner of Financial Regulation Division
500 North Calvert Street
Baltimore, MD 21202
410-333-6808
Toll free in MD: 1-888-784-0136
TTY: 410-767-2117
Fax: 410-333-0475
email: fin_reg@dllr.state.md.us
website: www.dllr.state.md.us/finance/

Massachusetts
Thomas Curry, Commissioner of Banks
MA Division of Banks
One South Station
Boston, MA 02110
617-956-1500
Toll free in MA: 1-800-495-2265

TDD: 617-956-1577
Fax: 617-956-1597
website: www.state.ma.us/dob

Michigan
Gary Mielock, Acting Commissioner
Financial Institutions Bureau
Office of the Commissioner
333 S.Capitol Avenue Suite A
P.O. Box 30224 (48909)
Lansing, MI 48933
517-373-3460
Fax: 515-335-1109
website: www.cis.state.mi.us/fib

Minnesota
Kevin Murphy, Assistant Commissioner
Minnesota Department of Commerce
Financial Exams
133 East Seventh Street
St. Paul, MN 55101
651-296-2751
Fax: 651-296-8591
email: kevin.murphy@state.mn.us
website: www.commerce.state.mn.us

Mississippi
Theresa Brady, Director Consumer Finance Division
Department of Banking and Consumer Finance
Consumer Finance
P.O. Box 23729
550 High Street-Suite 304
Walter Sillers Building
Jackson, MS 39205-3729
601-359-1031
Toll free in MS: 1-800-844-2499
Fax: 601-359-3557
email: tbrady@dbcf.state.ms.us
website: www.dbcf.state.ms.us

Missouri
Earl Manning, Acting Commissioner of Finance
Department of Finance
P.O. Box 716
Jefferson City, MO 65102
573-751-3242
Toll free in MO: 1-800-735-2966
TDD toll free in MO: 1-800-735-2966
Fax: 573-751-9192
email: finance@mail.state.mo.us
website: www.ecodev.state.mo.us/finance

Montana
Donald Hutchinson, Commissioner
Division of Banking & Financial Institutions
846 Front Street
P.O. Box 200546
Helena, MT 59620-0546
406-444-2091
Fax: 406-444-4186
website:
www.commerce.state.mt.us/finance/index.html

Nebraska
Samuel Baird, Director
Department of Banking & Finance
1200 N Street, Suite 311
PO Box 95006
Lincoln, NE 68509
402-471-2171
Fax: 402-471-3062
website: www.ndbf.org

Nevada
L. Scott Walshaw, Commissioner
Department of Business & Industry
Financial Institutions Division
406 East Second Street, Suite 3
Carson City, NV 89701-4758
775-687-4259
Toll free in NV: 1-800-521-0019
Fax: 775-687-6909
email: swalshaw@govmail-state.nv.us
website: www.state.nv.us/b&i

New Hampshire
State of New Hampshire Banking Department
Consumer Credit
56 Old Suncook Road
Concord, NH 03301
603-271-3561
TTY/TDD: 1-800-735-2964
Fax: 603-271-1090
website: www.state.nh.us/banking

New Jersey
Karen Randall Sutor, Acting Commissioner
Department of Banking and Insurance
20 West State Street
P.O. Box 325
Trenton, NJ 08625

609-292-3420 (banking)
Fax: 609-984-5273
website: states.naic.org/nj/njhomepg.html

New Mexico
Financial Institutions Division
Regulation and Licensing Dept
P.O. Box 25101
725 St Michaels Drive
Santa Fe, NM 87501
505-827-7100
Fax: 505-827-7107
email: rld@statc.nm.us
website: www.state.nm.us

New York
Elizabeth McCaul, Acting Superintendent of
Banking
New York State Banking Department
Two Rector Street
New York, NY 10006-1894
212-618-6553

Toll free in NY: 800-522-3330
(consumer services hotline)

Toll free in NY: 1-800-832-1838 (small business
information)
Fax: 212-618-6599
website: www.banking.state.ny.us

North Carolina
Hal Lingerfelt, NC Commissioner of Banks
North Carolina Commissioner of Banks
4309 Mail Service Center
Raleigh, NC 27699-4309
919-733-3016
Fax: 919-733-6918
website: www.banking.state.nc.us

North Dakota
Gary Preszler, Commissioner
ND Department of Banking and Financial
Institutions
2000 Schafer Street
Suite G
Bismarck, ND 58501-1204
701-328-9933
TDD toll free in ND: 1-800-366-6888
Fax: 701-328-9955
email: banking@state.nd.us
website: www.state.nd.us/bank

Ohio
Steven Gleeson, Training and Communications Manager
Department of Commerce - State of Ohio
Financial Institutions Division
77 South High Street
21st Floor
Columbus, OH 43266-0121
614-728-8400
614-466-2932
Fax: 614-644-1631
website: www.som.state.oh.us/dfi

Oklahoma
Mick Thompson, Bank Commissioner
OK State Banking Department
4545 North Lincoln Blvd., Suite 164
Oklahoma City, OK 73105
405-521-2782
Fax: 405-522-2993
website: www.state.ok.us/~osbd

Oregon
Richard Nockleby, Administrator
Department of Consumer & Business Services
Division of Finance & Corporate
350 Winter Street, NE
Room 410
Salem, OR 97310-3881
503-378-4140
TDD: 503-378-4387
Fax: 503-947-7862
website: www.cbs.state.or.us/external/dfcs

Pennsylvania
David E. Zuern, Secretary of Banking Department
333 Market Street
16th Floor
Harrisburg, PA 17101-2290
717-787-6991
Toll free in PA: 1-800-PA-BANKS
TDD toll free: 1-800-679-5070
Fax: 717-787-8773
website: www.banking.state.pa.us

Puerto Rico
Joseph O'Neill, Commissioner of
Department of Financial Institutions
Fernandez Juncos Station
PO Box 11855

San Juan, PR 00917-3855
787-723-3131
Fax: 787-723-4042
website: www.cif.gov.pr

Rhode Island
Dennis F. Ziroli, Associate Director and Superintendent
Banking
233 Richmond Street, Suite 231
Providence, RI 02903-4231
401-222-2405
401-222-2999
Fax: 401-222-5628

South Carolina
Louie Jacobs, Commissioner of Banking
State Board of Financial Institutions
1015 Sumter Street
Room 309
Columbia, SC 29201
803-734-2001
Fax: 803-734-2013

South Dakota
Richard Duncan, Director
S.D. Division of Banking
217 1/2 W. Missouri Avenue
Pierre, SD 57501-4590
605-773-3421
Fax: 605-773-5367
website: www.state.sd.us/banking

Tennessee
Bill Houston, Commissioner
Tennessee Department of Financial Institutions
John Sevier Building
500 Charlotte Avenue, 4th Floor
Nashville, TN 37243-0705
615-741-2236
Fax: 615-741-2883
email: tsmith@mail.state.tn.us
website: www.state.tn.us/financialinst/

Texas
Randall S. James, Banking Commissioner
Texas Department of Banking
2601 North Lamar
Austin, TX 78705
512-475-1300

Toll free in TX: 1-877-276-5554
Fax: 512-475-1313
website: www.banking.state.tx.us

Utah
G. Edward Leary, Commissioner
Department of Financial Institutions
P.O. Box 89
Salt Lake City, UT 84110-0089
801-538-8854
Fax: 801-538-8894
website: www.dfi.state.ut.us

Vermont
Ricka Dailey, Information Policy & Program Chief
State of Vermont
Banking, Insurance, Securities and Health Care Administration
89 Main Street
Drawer 20
Montpelier, VT 05620-3101
802-828-4872
802-828-3307 (banking)
Toll free: 800-964-1764 (all insurance except health)
Toll free: 1-800-631-7788 (Health Care)
Fax: 802-828-3306
email: rdaily@bishca.state.vt.us
website: www.state.vt.us/bis

Virgin Islands
Gerard Luiz James II, Lieutenant Governor
Commissioner of Insurance, Chairman of Banking Board
Kongen's Gade #18
Charlotte Amalie
St. Thomas, VI 00802
340-774-2991
Fax: 340-774-6953

Virginia
E.J. Face, Jr., Commissioner
Bureau of Financial Institutions
1300 East Main Street, Suite 800
P.O. Box 640
Richmond, VA 23218-0640
804-371-9657
Toll free in VA: 1-800-552-7945
TDD: 804-371-9206
Fax: 804-371-9416
website: www.state.va.us/scc

Washington
John Bley, Director
Department of Financial Institutions
P.O. Box 41200
Olympia, WA 98504-1200
360-902-8707
Toll free: 1-800-372-8303
Fax: 360-586-5068
website: www.wa.gov/dfi

West Virginia
Sharon Bias, Commissioner
State Capitol Complex
Division of Banking
Building 3, Room 311
1900 Kanawha Blvd. East
Charleston, WV 25305-0240
304-558-2294
Toll free in WV: 1-800-642-9056
Fax: 304-558-0442
website: www.wvdob.org

Wisconsin
Richard Dean, Secretary
Department of Financial Institutions
345 West Washington Avenue, 5th Floor
P.O. Box 7876
Madison, WI 53708-8861
608-261-1622
Toll free in WI: 1-800-452-3328
Fax: 608-264-7968
website: www.wdfi.org

Wyoming
L. Bruce Hendrickson, Commissioner
Division of Banking
Herschler Building
3rd Floor, East
Cheyenne, WY 82002
307-777-7797
Fax: 307-777-3555
email: banking@state.wy.us
website: audit.state.wy.us/banking/default.htm

LA RELACIÓN ENTRE EL MATRIMONIO, EL DIVORCIO Y LAS DEUDAS

6

El matrimonio tiene unas consecuencias sobre el crédito y las deudas y es sumamente importante estar al tanto de las implicaciones. Es importante hablar del divorcio y las deudas en el mismo plano, ya que muchas personas que tienen problemas de deudas o crédito se encuentran en trámites de divorcio, se han divorciado recientemente o enfrentan dificultades matrimoniales y por ello contemplan el divorcio. El divorcio puede fácilmente complicar sus problemas financieros, pero nunca debe permanecer en un matrimonio sólo por evitar estos problemas. Incluso los problemas que aparentan ser más graves, pueden resolverse. También es importante considerar la manera que su crédito se ve afectado por el matrimonio.

SUS DERECHOS CREDITICIOS DURANTE EL MATRIMONIO

Las mujeres que cambian de nombre al casarse, corren el riesgo de perder su historial de crédito antiguo. Cuando una mujer se casa, puede hablar con los acreedores y solicitar que sus cuentas se cambien a su nombre de casada y pedir que este cambio figure en su informe crediticio. Si la pareja abre una cuenta conjunta después de casarse, ambos deben asegurarse de que se remitan los informes crediticios a dicha cuenta. Una mujer puede solicitar que su expediente de crédito permanezca bajo su nombre de nacimiento, nombre de casada, o una combinación de ambos, durante el matrimonio y después del divorcio.

No es obligatorio decirle al acreedor que se le refiera a usted como Sra. o Srta. La Ley de la Igualdad de Oportunidad de Crédito establece que a nadie se le puede negar crédito por causa de su estado civil. Los acreedores tampoco pueden preguntar sobre la intención de una persona de tener hijos o hacer uso de anticonceptivos. Cuando una persona casada solicita crédito, el acreedor no puede formularle preguntas personales sobre su cónyuge, a menos que su ingreso individual no sea suficientemente alto por sí solo, residen en una propiedad comunitaria del estado, o el cónyuge será un titular conjunto o usuario de la cuenta.

EL DIVORCIO NO ES UNA SOLUCIÓN PARA LA DEUDA

Algunas personas piensan que al separarse de su cónyuge pueden evitar las deudas, o al menos dejar de acumularlas. Mientras esté casado, los acreedores pueden hallarle responsable por deudas acumuladas por su cónyuge en una cuenta conjunta. Si usted reside en un estado donde rige la propiedad comunitaria, ambos serían responsables de las deudas acumuladas. Una vez divorciados, el tribunal decidirá quién será responsable de cada deuda, pero hasta entonces, tenga en cuenta que los acreedores de su cónyuge se mantendrán en contacto con usted. Si están separados, simplemente dígales que se encuentran en trámites de divorcio y pídales que nunca se comuniquen con usted.

El divorcio usualmente empeora los problemas financieros. Piénselo por un momento. Cuando una pareja se casa, se crea un ingreso combinado, se paga por una sola residencia y un solo juego de muebles y enseres. Puede ser que compartan un automóvil y las cuentas de servicios públicos. Después del divorcio, todavía tienen el ingreso combinado, pero pagan por dos viviendas separadas, dos automóviles, dos grupos de cuentas, y tienen que comprar sus propios muebles y enseres. Los gastos se duplican pero el ingreso se queda igual. El divorcio puede causar problemas graves para cualquier pareja.

SEPARACIÓN
DE DEUDAS

Al divorciarse, el tribunal procede a hacer un recuento de todos sus bienes y deudas y las distribuye en conformidad con las leyes de su estado. Deberá consultar con un abogado o consultar libros adecuados para así aprender sobre leyes específicas que existen en su estado y que rigen la división de deudas. Una vez un juez divida las deudas, solamente será responsable por aquellas que le hayan asignado.

Antes de divorciarse, intente determinar una repartición de deudas con su cónyuge, llegando a un acuerdo por su cuenta o con la ayuda de un mediador o abogado. Si lo logra, sus deudas quedarían divididas, de manera que ambos puedan manejarlas con mayor facilidad o, por lo contrario, tendrá que atenerse a un método implementado por un juez que no conocerá los detalles de su situación particular.

Hipotecas. En la mayoría de los divorcios, solamente uno de los cónyuges permanece en el domicilio que antes era de ambos. Esto significa que la persona que se quede en la vivienda estará encargada de pagar la hipoteca. ¿Qué ocurre con el otro cónyuge? Ambas partes participaron en la compra de la residencia y ambos firmaron los papeles de hipoteca, por esta razón ambos son responsables de pagarla directamente al banco. Cuando un juez le otorga el título de propiedad y lo hace responsable por pagar la hipoteca, el decreto del divorcio "indemniza" a la otra persona de los pagos, lo cual significa que no será responsable de dicha hipoteca. Es posible que esta persona crea que ya ha cumplido con su responsabilidad. Sin embargo, la decisión del juez no afecta al banco en absoluto. La decisión del juez implica que el cónyuge que permanece en la vivienda, estará a cargo de hacer los pagos de la hipoteca. Si no cumple con los pagos y el banco enfrenta al otro cónyuge, este puede demandar al cónyuge dueño de la hipoteca.

Para los efectos del banco, ambos todavía son responsables de la hipoteca. La única opción para resolver esto sería a través de un refinanciamiento de la hipoteca ejecutado por el cónyuge propietario del hogar. De esta manera se elimina el nombre de la otra persona de la hipoteca. También es posible colaborar con el banco y pedirle que eximan a la otra persona de la hipoteca, lo cual no suele ocurrir, ya que el banco tiene muy pocos incentivos para hacerlo.

Cuentas conjuntas. Muchas parejas casadas poseen cuentas conjuntas de cheques y ahorros. Esto significa que ambas personas controlan el total de dinero que se deposita y se retira de cada cuenta. Tanto la esposa, como el esposo, también tienen la libertad de retirar todo el dinero que exista en cada cuenta. Si se está divorciando y tiene una cuenta conjunta, la mejor manera de actuar es dividiendo la cuenta entre ustedes. Si esto no llegara a ser posible, puede solicitarle a la corte que le congelen la cuenta hasta que se llegue a un acuerdo. Si retira todo el dinero de la cuenta, puede estar sujeto a devolverle el dinero que le pertenece a su cónyuge. Esto no debe hacerse sin antes consultarlo con un abogado o haber llegado a un acuerdo con su cónyuge.

Muchas parejas comparten una cuenta de tarjeta de crédito. Ambos son completamente responsables por las deudas acumuladas en cada cuenta. Cuando un divorcio es inminente, la mejor opción es cerrar todas las cuentas conjuntas y abrir cuentas individuales. Ambos pueden saldar las deudas de dichas cuentas o transferir el balance a sus cuentas individuales. Si no se llega a un acuerdo, sería mejor abrir cuentas separadas, dividir por la mitad el balance de la cuenta conjunta y permitir que cada uno pague la mitad del total mensual hasta que se pueda llegar a un acuerdo.

MANUTENCIÓN INFANTIL Y PENSIÓN ALIMENTICIA

Al divorciarse, la corte no solo divide los bienes, posesiones y deudas, sino que también debe garantizar que cada miembro de la familia esté protegido financieramente alimenticia después del divorcio. Esto incluye a ambos cónyuges y a los hijos. Un juez asigna la manutención infantil cuando el matrimonio ha tenido hijos. Usualmente el padre que no posee la custodia de los niños es el responsable de pagar una cantidad de dinero al otro padre de acuerdo a la orden de un juez, ya sea semanal o mensual. La cantidad a pagar se determina dependiendo del ingreso del padre sin custodia de los niños y cuántos hijos integran el núcleo familiar. La manutención infantil se utiliza para pagar todos los gastos relacionados con los hijos.

Pensión alimenticia (también conocido como "manutención" en algunos estados) es la cantidad de dinero que paga un ex cónyuge al otro. Muchas veces se considera una ayuda al cónyuge que más lo necesite, ayudándole a recuperarse económicamente después del divorcio.

EL DIVORCIO Y
LA BANCARROTA

La bancarrota puede ser una solución a sus problemas económicos. Deberá tener presente que usted no podrá pagar manutención infantil o pensión alimenticia mientras se haya declarado en bancarrota.

Si su cónyuge o ex cónyuge atraviesa una bancarrota, lo exhonerarán del pago de deudas o se las perdonarán. Tenga en cuenta que si todavía tiene una cuenta conjunta y su cónyuge las incluye en su bancarrota, entonces usted será completamente responsable de esa deuda.

El tribunal de bancarrota no siempre eximirá a un deudor de un acuerdo de distribución de bienes o de indemnización sobre una hipoteca. Si la corte decide que el deudor no cuenta con el capital suficiente para cubrir todos sus gastos, entonces se perdonarán las deudas mediante una bancarrota. Si su cónyuge solicita que se le declare en bancarrota e intenta ser exonerado de sus deudas, entonces usted necesitaría contratar a un abogado a fin de solicitar un curso de acción adverso en el tribunal de bancarrota dentro de un período que no sobrepase los 60 días posteriores a la reunión con los acreedores (el tribunal le notificará la fecha específica). (Véase el Capítulo 5 para obtener más información sobre la bancarrota.)

DESPUÉS
DEL DIVORCIO

Después de un divorcio, los acreedores no pueden hacerle preguntas sobre su estado civil. Si solicita crédito, deben considerarse todos sus ingreso, incluidas la manutención infantil y la pensión alimenticia.

LA MUERTE DE SU CÓNYUGE

Si su cónyuge muere, los acreedores no pueden cerrar o cambiar las condiciones de su cuenta conjunta. Sin embargo, debería abrir una cuenta individual en su nombre antes de notificar la muerte de su cónyuge a los acreedores. De esta manera evita problemas con la cuenta conjunta. Es importante entender que aunque su cónyuge tuviera deudas en su nombre antes de morir, los acreedores podrán exigir que se les pague el dinero debido. Esto, fundamentalmente, se deducirá de la herencia que le corresponde a usted y a sus hijos.

Cómo Establecer un Buen Expediente de Crédito

7

Ahora que ha comenzado a trabajar para mejorar su expediente de crédito y tiene sus cuentas bajo control, debería considerar lo que puede hacer para establecer un buen expediente de crédito. Es importante tener en cuenta que, al igual que tomó tiempo acumular deudas y deteriorar su crédito, toma bastante tiempo establecer un crédito que le resulte beneficioso.

Cómo obtener crédito nuevamente

Si en su informe de crédito figura una bancarrota u otros datos perjudiciales, deberá comprender que no podrá obtener una tarjeta de crédito al día siguiente. La mayoría de los acreedores rechazarán sus solicitudes. A pesar de haber comenzado nuevamente y mantener el control de su situación financiera, las compañías de tarjetas de crédito van a considerar que están corriendo un riesgo con usted.

CONTRATOS DE CRÉDITO

Con el tiempo, algunas compañías de tarjetas de crédito aceptarán sus solicitudes. Por lo general puede obtenerse una tarjeta de crédito dentro de los dos años posteriores a la declaración de bancarrota. Cuando solicite crédito, lea cuidadosamente el convenio y asegúrese de conocer el porcentaje de interés y las cuotas mensuales. Verifique si es preciso pagar una tasa por anticipo de efectivo, cómo se calcula el interés y si se revisan frecuentemente los límites de crédito. Si le hacen una oferta de crédito magnífica, como "0 pagos por seis meses", pregunte si se acumula interés durante este período.

CUENTAS DE
ESTABLECIMIENTOS
COMERCIALES

Si usted enfrenta dificultades para que se aprueben sus solicitudes de crédito, acuda a un establecimiento comercial local, una cadena de tiendas, por ejemplo. Obtener ese tipo de tarjetas es mucho más fácil y lo ayudará a adquirir un buen historial de crédito, para entonces remitir una solicitud a una de las principales compañías de crédito. No pierda su tiempo con tarjetas de crédito de compañías de venta por catálogo. Estas tarjetas cobran intereses altos y, generalmente, no rinden informes a las agencias crediticias y, por lo tanto, no favorecerán su expediente.

REFERENCIAS A
LOS INFORMES
CREDITICIOS

Cuando solicite crédito, si usted sabe que el informe de una de las agencias crediticias incluye los datos de crédito más favorables, solicite al posible acreedor que utilice dicho informe. Adjunte toda la información que pueda ser favorable, incluidos reembolsos de impuestos o información sobre sus bienes. Asegúrese de proporcionar toda la información que se solicita. Su solicitud puede ser denegada si la información en el formulario está incompleta.

CUIDADO CON
LAS SOLICITUDES
FRECUENTES

No solicite crédito frecuentemente. Cada vez que solicita crédito, este dato aparece en su informe. Algunas agencias crediticias consideran que no es favorable un informe donde figuran demasiadas consultas. En el futuro, es posible que ciertos posibles acreedores consideren que sus solicitudes son denegadas con frecuencia, o que usted solicita demasiado crédito.

RECONSIDERACIÓN

Si su solicitud de crédito es denegada, pida que la envíen al departamento de reconsideración. La mayoría de los principales acreedores cuentan con estos departamentos donde reevaluarán seriamente las solicitudes.

LEA LA LETRA
PEQUEÑA

Cuando solicite crédito, asegúrese de leer detenidamente toda la información que figura en letra pequeña. Algunas tarjetas cobran diferentes cuotas que podrían acumularse cuando las utilice. Sería conveniente comparar las tasas de interés que se ofrecen en el mercado a fin de evitar que se le aplique un cargo de financiamiento demasiado elevado en la tarjeta, si simplemente desea efectuar una transferencia de saldo.

LISTAS
DE BANCOS

Si enfrenta dificultades para encontrar un banco que apruebe su solicitud de crédito, comuníquese con Bankcard Holders of America (540-389-5445). Esta organización le proporcionará una lista de bancos que ofrecen tarjetas de crédito normales y tarjetas de crédito con garantía (véase la página xx para obtener detalles sobre tarjetas con garantía).

LEY DE IGUALDAD
DE OPORTUNIDADES
DE CRÉDITO

La Ley de Igualdad de Oportunidades de Crédito protege a los consumidores contra la discriminación de cuando solicitan crédito. A los consumidores no se les debe denegar el crédito por razones de edad, raza, religión, nacionalidad o porque reciban ayuda pública, pensión alimenticia o manutención infantil, o por trabajar a tiempo parcial. Según esta ley, los acreedores cuentan con 30 días a partir de la fecha en que reciban toda su información para notificarle si su solicitud ha sido aceptada o rechazada. Usted tiene derecho a conocer la razón por la cual su solicitud ha sido denegada (en la carta deben figurar los datos o un número de teléfono donde pueda obtener la información) al igual que el nombre y la dirección de la agencia crediticia a través de la cual se obtuvo el informe.

CÓMO MEJORAR SU EXPEDIENTE ACTUAL DE CRÉDITO

Si tiene tarjetas de crédito en la actualidad, usted puede tomar varias medidas para mejorar su crédito. A fin fin de aumentar su línea de crédito, mantenga un buen historial de pagos durante un período mínimo de tres meses y solicite un aumento de su límite de crédito. Enviar una cantidad mayor al pago mínimo todos los meses mejorará sus posibilidades. Evite sobrepasar su límite de crédito, debido a que esto afectará negativamente su expediente. Pagar a tiempo es importante, sin embargo, es preciso tener en cuenta que la mayoría de las tarjetas de crédito no reportan los atrasos en los pagos a menos que no se hayan remitido pagos por dos meses consecutivos.

EXPLICACIÓN DE
CIRCUNSTANCIAS

Si usted sabe que en su informe crediticio figuran datos negativos y su solicitud de crédito ha sido denegada por causa de ello, es posible que usted deba remitir una DECLARACIÓN DE CIRCUNSTANCIAS junto a su solicitud. (Véase el formulario 20, página 132.) Esta declaración ofrece una explicación sobre lo que ha pasado. Por ejemplo, tal vez estuvo enfermo e incapacitado para trabajar y además le enviaron una gran cantidad de cuentas por servicios médicos. Explique esta situación al acreedor por escrito, subrayando las medidas que ha tomado para abordar el problema.

CIERRE DE
CUENTAS

Si usted tiene varias tarjetas de crédito a su nombre, deberá cerrar las cuentas que no utilice regularmente y dejar no más de dos o tres cuentas abiertas. Una larga lista de cuentas abiertas levanta sospechas ante los ojos de los acreedores, incluso en el caso de que las mismas se encuentren inactivas. En cualquier momento, usted podría optar por utilizarlas, incurriendo en deudas que vayan más allá de su poder adquisitivo.

TARJETAS DE
DÉBITO

Las tarjetas de débito son un buen substituto de las tarjetas de crédito, Cuando se compra algo con una tarjeta de débito, el monto de la compra se deduce automáticamente de su cuenta bancaria e inmediatamente se efectúa el pago a la compañía de débito. Toda compra que sobrepase la cantidad de fondos disponibles en la cuenta es denegada. Este tipo de tarjeta establece un límite para el consumidor, quien deberá utilizar estrictamente los fondos que tiene disponible en la institución bancaria, sin embargo, es posible incurrir en abuso de la misma cuando se utiliza para retirar dinero que es necesario para el pago de la renta o los gastos de los servicios básicos para el hogar.

TARJETAS CON
GARANTÍA

Una tarjeta con garantía es similar a una tarjeta de crédito, sin embargo, el dinero que usted deposite permanecerá intacto y acumulará intereses. Su límite de crédito es equivalente al total que deposita en el banco. Usted recibirá cuentas por sus compras y pagará intereses. Si no efectúa pagos, el banco se apropiará del dinero que haya depositado. Asegúrese de que el banco donde deposite el dinero esté asegurado por el gobierno federal y de que la tarjeta pueda convertirse en una tarjeta de crédito regular una vez hayan pasado los primeros 18 meses. Familiarícese con los cargos financieros. Confirme si la compañía va a rendir informes a las agencias crediticias pertinentes. Si es preciso pagar una cuota de solicitud, debe asegurarse de que la misma sea reembolsada si su consulta es denegada.

COSIGNATARIO

Si usted no reúne los requisitos para obtener una tarjeta de crédito por sí solo, tal vez debería considerar la posibilidad de pedirle a un amigo o familiar que le sirva de aval, firmando la solicitud de tarjeta de crédito o préstamo. El codeudor promete al acreedor que pagará la deuda si usted no cumple y le ofrece la protección adicional requerida.

CUENTA DE USUARIO

Otra alternativa es pedirle a un amigo o familiar que solicite una tarjeta de crédito a su nombre y pedir que se le incluya como usuario. Usted podrá utilizar la tarjeta, pero la otra persona será responsable de efectuar los pagos. Pídale al banco que incluya la tarjeta en su informe crediticio. A pesar de que esto no tendrá mayores efectos en su expediente, le proporcionará acceso a una línea de crédito.

CÓMO UTILIZAR SUS NUEVAS TARJETAS DE CRÉDITO

Si usted ha logrado que le aprueben nuevas tarjetas de crédito o si aun conserva sus antiguas tarjetas, utilícelas con una mentalidad distinta. Las tarjetas de crédito son un medio de pago, no una extensión de su poder adquisitivo. Utilice su tarjeta de crédito, sin embargo, asegúrese de pagar el saldo completo cada mes y evite que se acumulen intereses en la cuenta. Utilizar las tarjetas, pagándolas responsablemente, lo ayudará a mejorar su crédito. Los acreedores informarán que está pagando según lo acordado y a tiempo. No debe utilizar su tarjeta de crédito si no cuenta con dinero en el banco en el momento de efectuar la compra. Pague sus cuentas antes del vencimiento del plazo establecido.

Debe evitar solicitar demasiadas tarjetas de crédito. Una o dos tarjetas es más que suficiente. El consumidor es particularmente vulnerable a las tarjetas de crédito preaprobadas que se reciben en el correo. Por lo regular, estas tarjetas no ofrecen los mejores términos o tasas de interés. Si las recibe, córtelas por la mitad y envíe una carta al banco rechazándolas.

Mantenga una lista de todas sus tarjetas de crédito, incluidos números de cuenta y números telefónicos de servicio al cliente para estar al tanto del crédito que tiene disponible y contar con la información necesaria para reportar la tarjeta en caso de robo o pérdida.

CÓMO OBTENER UN PRÉSTAMO

Si ha enfrentado problemas de deuda, o si su informe crediticio ha contenido información negativa por un período de tiempo considerable, podría llegar a perder las esperanzas obtener algún día un préstamo para la compra de un automóvil, una hipoteca, y mucho menos un préstamo personal. Sin embargo, existen maneras de obtener préstamos después de enfrentar tales dificultades. Una estrategia sumamente útil consiste en abonar una cantidad sustancial en el pago inicial para comprar una casa o auto, pagando un interés más alto. Cuando usted efectúa un pago inicial al comprar un auto, el acreedor ya cuenta con una cantidad substancial y es posible que esté dispuesto a prestarle dinero. Si la cantidad abonada es para el pago inicial de una vivienda, el banco verá que existe suficiente colateral en la casa y que, en caso de remate, el banco recuperará el dinero.

Deberá estar dispuesto a aceptar préstamos con intereses más altos que el promedio. Todo tiene un precio. Prestarle dinero a una persona que se considera un riesgo crediticio tiene un precio más alto que tramitar un préstamo para una persona que cuenta con un expediente perfecto.

Use cosignatorio. Cuando consigue préstamo o hipoteca, alguien más (quizas amigo o pariente) acuerda de firmar el préstamo y aceptar respnsibilidad financiero para ello si jamas no puede pagar. Ahora el acreedor tiene alugien con que puede contar para los pagos y quizas éso le de la voluntad de darle le oportunidad de tener préstamo.

Entre las estrategias que existen para comprar una casa, es preciso mencionar los arrendamientos con opción a compra, las hipotecas financiadas por el propietario o la compra de una vivienda a través del Departamento de Vivienda y Desarrollo Urbano de EE.UU (HUD, por sus siglas en inglés).

Cuentas bancarias

A fin de desarrollar un buen expediente de crédito, es preciso conservar la estabilidad de sus cuentas bancarias. Debería abrir una cuenta de ahorros y una cuenta corriente. Compare las ofertas de diferentes bancos y escoja la institución que cuente con los mejores incentivos (cuotas bajas, cheques gratis, etc.) utilice su cuenta de ahorros para guardar su dinero, aunque sea una cantidad pequeña. Utilice su cuenta corriente como un centro organizativo para recibir sus ingresos mensuales y pagar sus deudas. Deposite sus ingresos, haciendo deducciones para la cuenta de ahorros. Escriba cheques para pagar sus deudas con los fondos de esa cuenta. Nunca emita un cheque si no cuenta con los fondos necesarios para cubrirlo.

Mantener sus cuentas en buen estado, le demostrará a los acreedores que usted es capaz de administrar y ahorrar dinero.

Cambios de nombre y dirección

Cuando intente mejorar su expediente crediticio, es preciso que proyecte una imagen de cierta estabilidad. Las mudanzas constantes podrían dar indicios de inestabilidad. Trate de permanecer en un lugar de residencia al menos durante un año si es posible. Si decide mudarse, asegúrese de notificar su cambio de dirección a todos sus acreedores. Es importante tener en cuenta que su informe crediticio está vinculado a usted a través de su número de seguro social y le seguirá dondequiera que usted vaya.

Cambiar su nombre por razones que no sean matrimonio o divorcio, no es recomendable si está intentando construir un buen historial de crédito.

Negociación con acreedores anteriores

Si en su informe de crédito figuran datos negativos, existen varias alternativas para abordar este problema. Comuníquese con el acreedor e indique su deseo de pagar una cantidad de dinero a cambio de que se eliminen dichos datos. Esto puede hacerse, incluso si se ha emitido un fallo en su contra.

Matrimonio y crédito

Lo más importante que debe comprenderse sobre el matrimonio y el crédito es que lo que le sucede a uno, le sucede a los dos. Si el expediente de su cónyuge tiene un fallo en su contra, aparecerá una nota en su informe crediticio. Estará sujeto a pagar las deudas incurridas durante el matrimonio en cuentas conjuntas, incluso en el caso de que solamente uno de los cónyuges estuviera al tanto de la existencia de las mismas.

Si usted se encuentra en una situación en la cual su crédito se ha visto afectado por causa de su cónyuge, deberá tomar medidas para separarse de él o ella para mejorar su informe de crédito. Obtenga crédito bajo su propio nombre. (Muchas mujeres nunca lo hacen ni establecen un expediente de crédito independiente, basado en su propia habilidad para efectuar pagos.)

Estafas que deben evitarse

No existe una salida fácil para los problemas concernientes al crédito y las deudas. Por lo regular, las compañías que ofrecen este tipo de soluciones mienten u ofrecen planes ilegales. Algunos abogados anuncian que pueden eliminar la mitad de sus deudas sin que usted tenga que declararse en bancarrota. Podrá verse pagando una gran cantidad de dinero para recibir asistencia de un abogado en trámites que usted puede realizar por su propia cuenta, como es la negociación con los acreedores. Otro de los engaños consiste en invitarlo a obtener un número de identificación federal como 12-345-6789 y a utilizarlo como "nuevo" número de seguro social (123-45-6789) a fin de solicitar crédito, sin relación con su antiguo expediente. Hay otro tipo de fraude que consiste en cambiar los números de su seguro social.

No intente ninguna de estas estratagemas, pues son ilegales y podría incurrir en fraude. Es importante que recuerde que si decide recurrir a uno de estos planes ilegales, estará renunciando automáticamente a los beneficios del Seguro Social.

NOTA: *También es ilegal solicitar crédito utilizando el nombre de otra persona.*

Evite involucrarse con cualquier entidad que requiera la remisión de un pago antes de brindar servicio sin hablarle sobre sus derechos y las medidas que puede tomar por su cuenta gratuitamente. Se está gestando un fraude si se le pide que no establezca contacto con las agencias crediticias o si se le aconseja que refute toda la información que figura en su informe. La Ley de las Organizaciones de Reparación de Crédito establece pautas que rigen el funcionamiento de las agencias de reparación de crédito. Denuncie cualquier agencia sospechosa a la oficina del Fiscal General o la Comisión Federal de Comercio.

CÓMO REDUCIR LA CANTIDAD DE OFERTAS DE CRÉDITO NO SOLICITADAS

Es posible que usted reciba en el correo varias ofertas de crédito no solicitadas. La mayoría de las compañías obtienen su nombre y datos personales básicos a través de las agencias crediticias. Contactan con las agencias y obtienen información no confidencial sobre usted. Puede resultar tentador gastar más dinero del necesario si recibe constante-mente ofertas por correo, además puede convertirse en algo verdaderamente molesto. Muchas personas piensan que las agencias crediticias infringen los límites de su privacidad cuando proporcionan sus datos a estas compañías. Usted puede establecer contacto con las agencias crediticias y expresar su deseo de "optar por no estar incluido" ("opt out") en estas ofertas y solicitar que no se difundan sus datos nuevamente. A fin de tramitar este pedido, deberá enviar una carta (**REQUEST TO OPT OUT**) a la dirección especial designada por cada una de las agencias crediticias para este propósito. (Véase el formulario 21, página 133.) Los datos figuran a continuación:

Equifax Options
Marketing Decisions System
PO Box 740123
Atlanta, GA 30374-0123

Trans Union
Name Removal Option
PO Box 7245
Fullerton, CA 92637

Experian Consumer Opt Out
701 Experian Parkway
Allen, TX 75002

Para reducir aun más las ofertas de crédito no solicitadas por teléfono o correo, puede comunicarse con:

Direct Marketing Association
Mail Preference Association
PO Box 9008
Farmington, NY 11735

o

Direct Marketing Association
Telephone Preference Service
PO Box 9014
Farmington, NY 11735

COMPRENDIENDO LOS TÉRMINOS RELACIONADOS CON EL CRÉDITO

Es preciso entender algunos términos básicos relacionados con el crédito.

- **Cargos de financiamiento** Existen dos tipos de cargos de financiamiento. Tasa de Porcentaje Anual (APR, por sus siglas en inglés) es el interés que pagará anualmente sobre los saldos de crédito (ejemplo: 19%). El porcentaje periódico mensual es simplemente el APR, dividido entre 12 meses.

  A fin de comprender cuánto está pagando en intereses, multiplique la cantidad de su pago mensual por el número de meses durante los cuales pagará el préstamo. Esto indica el monto total que usted pagará. Reste la cantidad que se le otorgó a este número y así obtendrá el monto que pagará, en intereses solamente, durante el plazo del préstamo.

  Para comprender cómo se calcula el interés en su tarjeta de crédito, comuníquese con el departamento de servicio al cliente y le ofrecerán un cálculo computadorizado sobre el pago y la acumulación de intereses en su tarjeta de crédito.

- **Cargos anuales.** Algunas tarjetas de crédito cobran una cuota de 30 dólares, solamente por utilizar la tarjeta. La cuota aparece en su estado de cuenta una vez al año. Muchas compañías estarán dispuestas a eliminar esta cuota si usted lo solicita. Existen algunas tarjetas que no cobran este tipo de cuotas, por lo tanto, es recomendable comparar ofertas.

- **Período de gracia.** Algunas tarjetas de crédito ofrecen un período de gracia. Este es el tiempo que transcurre a partir del cierre del ciclo de facturación y la fecha en la cual usted debe pagar el saldo para evitar cargos de financiamiento.

● **Cargos.** Cargos existe una amplia gama de cuotas que las compañías de tarjetas de crédito pueden aplicar a su cuenta. Cabe mencionar los cargos por atraso en el pago, cargos de anticipo de efectivo, cargos de cheques sin fondos, cargos por sobrepasar el límite de crédito, etc. Una de las cuotas que se pueden evitar son los cargos por transacción. Si su tarjeta tiene un cargo de transacción, se le cobrará una pequeña cuota cada vez que utilice la tarjeta. Este tipo de cargo puede llegar a acumularse significativamente, así que trate de evitarlo cuando sea posible.

Preparación de un Presupuesto 8

Un presupuesto es una manera de organizar sus gastos e ingresos a fin de prever la cantidad de fondos de la cual usted dispondrá y los fondos que tendrá que desembolsar. Usted se dará cuenta de que si le resulta difícil ver donde va a parar su dinero, tendrá que llevar un control de sus gastos reales.

Un presupuesto es la herramienta más importante que usted puede utilizar si intenta mejorar su situación económica y financiera. Un presupuesto le permitirá a usted comprender fehacientemente dónde va su dinero y controlar el dinero disponible.

¿Por qué se debe elaborar un presupuesto?

Un presupuesto es la herramienta económica fundamental. Ayuda a calcular el total del dinero del cual usted dispone para gastar, cuánto puede desembolsar en rubros no esenciales y calcular cuándo recibirá dinero. El presupuesto le brinda un plan y un esquema visual sobre cómo usted utilizará su dinero. El presupuesto le deja muy poco margen para comprar por impulso y lo ayuda a cumplir sus objetivos financieros. El presupuesto es la manera de suscribir un contrato financiero con uno mismo.

PREPARACIÓN DEL PRESUPUESTO

Utilice el **PRESUPUESTO** incluido al final de este libro. (Véase el formulario 22, página 134.) Haga varias fotocopias del mismo, le harán falta para preparar las previsiones presupuestarias y los presupuestos reales para cada mes.

☛ Anote todos sus gastos fijos habituales como alquiler o hipoteca, electricidad, gas, teléfono, televisión por cable, etc.

☛ A continuación calcule el costo promedio mensual de rubros esenciales tales como gasolina, alimentación, ropas, etc.

☛ Acto seguido complete los gastos no esenciales, como entretenimiento, comidas en restaurantes, regalos, artículos para decorar el hogar, etc.

☛ Complete el área de los gastos de emergencia. De esta manera podrá ahorrar cierta cantidad cada mes para utilizar en casos de urgencia (si se le avería el carro, por ejemplo) o para entretenimiento (ir al cine, por ejemplo).

☛ Calcule el total de dichos gastos.

☛ Complete la sección del presupuesto dedicada a los ingresos mensuales y calcule el total.

☛ Compare las dos cifras. Si sus gastos son más elevados que sus ingresos, tendrá que efectuar ajustes.

☛ Elimine algunos de los gastos no esenciales. Son los que frecuentemente terminan cargándose a las tarjetas de crédito.

☛ Examine el resto de sus gastos a fin de determinar cuáles pueden recortarse. (Para más ideas al respecto consulte la lista del Capítulo 4.)

PREVISIÓN PRESUPUESTARIA

Una vez que usted complete el formulario contará con su previsión presupuestaria. Se trata del mejor cálculo posible sobre sus gastos. Es importante crear este formulario para determinar, en su opinión, de qué manera gasta su dinero.

PRESUPUESTO
REAL

Después de haber calculado su presupuesto tendrá que calcular sus gastos reales. A partir del primer día del mes, utilice el REGISTRO DE GASTOS para asentar cada centavo que usted gasta. (Véase el formulario 23, página 137.)

Use un REGISTRO DE GASTOS nuevo para cada semana del mes. Cuando termine el mes, siéntese a revisar sus Registros de gastos y utilícelos para preparar un nuevo formulario de presupuesto. Éste será su presupuesto real y le indicará mensualmente de qué manera está gastando su dinero.

MODIFICACIONES A SU PPRESUPUESTO

Ahora que ya sabe exactamente dónde va a parar su dinero, vuelva a examinar su previsión presupuestaria mensual. Seguramente usted habrá una suma demasiado baja en algunas áreas y demasiado alta en otras. Examine detenidamente sus gastos reales y piense en cuáles rubros podrían eliminarse o reducirse. (Para más ideas que le permitan ahorrar dinero consulte la lista del Capítulo 4.) Se quedará sorprendido cuando descubra cuánto dinero se puede ahorrar al disminuir su presupuesto de gastos.

Lleve REGISTROS DE GASTOS cada semana y al final del mes revíselos y prepare un presupuesto indicando el destino de su dinero durante ese mes. No olvide anotar el mes en la parte superior del formulario para poder consultarlo fácilmente.

Es importante recordar que los presupuestos siempre fluctúan. Su cuenta de electricidad puede ser más alta en verano al mantener un ventilador en funcionamiento. Sus gastos de comidas pueden ser menores durante los días festivos si se hospeda usted en casa de familiares. A pesar de las fluctuaciones, es fundamental planificar el destino de su dinero y a la vez incluir suficientes fondos en sus gastos varios (misceláneos) o depositando dinero en una cuenta de ahorros a fin de estar preparado para hacer frente a las fluctuaciones inesperadas.

Al preparar el presupuesto, sería ideal comenzar a principios de cada año y trazar los planes para todo el año. Por ejemplo, si su automóvil tiene demasiados desperfectos, deberá calcular que gastará dinero en reparaciones o quizá en la compra de otro carro. Es posible que usted ya sepa que en agosto comenzará a asistir a clases y deberá ahorrar para la matrícula y los libros. Cuanto antes calcule dichos desembolsos, mejor podrá planearlos y encontrar la manera de ahorrar dinero par cubrirlos.

Si tiene dificultades para completar el formulario del PRESUPUESTO o del REGISTRO DE GASTOS, o si se da cuenta de que el monto de sus gastos siempre supera el de sus ingresos, usted puede pedirle ayuda al Consumer Credit Counseling (Servicio de Asesoramiento Crediticio para Consumidores) a efectos de preparar un presupuesto factible. (Consulte el Capítulo 5.)

ORGANICE SUS DATOS

A fin de poder presupuestar debidamente y mantener el control de sus finanzas, es menester que organice la información pertinente.

- Localice todas sus cuentas y facturas, estados financieros y comprobantes de pago.

- Cree un archivo separado para cada cuenta, tarjeta de crédito, préstamo, electricidad, teléfono, etc. y otros gastos (tales como cuentas de médicos o de cuidados infantiles). Prepare un archivo par comprobantes de pago y archivos separados para cada cuenta bancaria, certificado de depósito (CD) u otras inversiones o valores que usted posea.

- Utilice archivos individuales o una carpeta expandible dividida en secciones.

- Archive cada papel apenas termine de utilizarlo. Después de pagar una cuenta archívela inmediatamente. Después de cobrar el de su sueldo o salario archive el comprobante de pago.

●

- Prepare una carpeta separada para guardar los documentos de sus impuestos del año y otra para conservar las garantías (de las tiendas o los fabricantes) de los artículos que usted ha comprado.

- Guarde en una caja fuerte a prueba de incendios los documentos importantes tales como bonos, certificados de nacimiento, tarjetas de seguro social, títulos de bienes raíces y certificados de matrimonio, además de dinero en efectivo y otros artículos valiosos. (Se pueden conseguir cajas fuertes pequeñas para el hogar en tiendas de descuentos o de venta de material para oficinas a menos de $40.) Mantenga la caja fuerte siempre cerrada y guarde la llave en un sitio donde no la pierda.

PAGUE LAS CUENTAS

Si usted lanza todas sus cuentas en el mostrador de la cocina o en su escritorio a medida que van llegando, es poco probable que se acuerde de pagarlas puntualmente. Deberá implementar un sistema que le facilite el pago de sus cuentas a tiempo. Si se atrasa en los pagos tendrá que pagar multas por dichos retrasos, algo que le conviene evitar a toda costa porque son elevadas y porque influyen negativamente en su nivel de crédito.

- Compre una carpeta o caja para el pago de cuentas mensual. Tienen bolsillos o subdivisiones para cada día del mes, en orden numérico.

- Cuando reciba una cuenta o factura, póngala en el bolsillo correspondiente a la fecha límite en la que debe recibirse el pago.

- Si a usted le descuentan sus pagos de su cuenta bancaria automáticamente, escriba la fecha y la cantidad de la deducción en un papel y colóquelo en la subdivisión que corresponde a la fecha adecuada, de manera que pueda asegurarse de tener suficiente dinero en la cuenta para cubrir el pago.

- Siempre mantenga un surtido de sellos (estampillas) de correo en la carpeta o caja, o en cualquier sitio en que estén a mano.

- Siéntese a examinar su organizador semanal uno día dado de cada semana y revise las cuentas pendientes y los plazos de pago.

- Es importante despachar por correo sus envíos de cheques por lo menos de tres a cinco días antes de la fecha límite para la recepción del pago. Es posible que sus pagos tarden en llegar siete días o más, motivo por el cual es menester remitirlos con el debido tiempo.

- Una vez pagada la cuenta archívela en el lugar correspondiente.

Manténgase dentro de su presupuesto

Usted ha preparado un presupuesto que le permite pagar todas sus cuentas en base a sus ingresos actuales. Ahora le corresponde mantenerse dentro de dicho presupuesto. Se trata de la parte más difícil. Es posible que la semana próxima le llame la atención un sweater muy tentador o que sus amigos deseen que usted los acompañe a un concierto. Es posible, también, que usted caiga enfermo y tenga que pagar por la atención médica y los medicamentos por no tener seguro de salud. Si puede colocar algo de dinero cada mes en el fondo para emergencias, estará mejor preparado para cubrir los gastos imprevistos que se produzcan en algunas ocasiones. Se requiere fuerza de voluntad y espíritu de sacrificio. Recuerde que si se aparta del presupuesto no le va a ser posible pagar el alquiler de su vivienda y podría verse enfrentado a las terribles circunstancias de que le embarguen bienes de su propiedad.

CÓMO VIVIR DENTRO DE UN PRESUPUESTO Y UTILIZAR EL CRÉDITO

Algunos asesores financieros recomiendan abstenerse de utilizar tarjetas de crédito a quienes les resulta difícil vivir ajustándose a un presupuesto. Si para usted tener una tarjeta de crédito es como una licencia para gastar y le resulta imposible controlarse, no debería tener tarjetas de crédito.

Sin embargo, es posible vivir dentro de un presupuesto y utilizar el crédito con responsabilidad.

- Considere la posibilidad de utilizar su tarjeta de crédito solamente para verdaderas emergencias, tales como reparaciones de su automóvil, gastos médicos u otros rubros inesperados y necesarios.

- De tal manera tendrá la seguridad de saberse cubierto por una tarjeta de crédito y a la vez limitará los gastos innecesarios. Si le resulta necesario anote el saldo de su cuenta bancaria cada día en una hojita autoadhesiva y péguela en su tarjeta de crédito. De tal manera sabrá exactamente cuánto dinero tiene cada día.

- Pague todos los meses el saldo total de su cuenta. Si traspasan el saldo de su tarjeta de crédito de un mes a otro los intereses se acumularán con mucha rapidez.

- Efectúe los pagos de su tarjeta de crédito con puntualidad. Las multas por pagos atrasados se acumulan rápidamente y pueden distorsionar el presupuesto, por más cuidado que se haya ejercido al prepararlo.

- Considere a su tarjeta de crédito como un medio que le facilita sus pagos y no una excusa para endeudarse.

- Cierre la mayor parte de sus cuentas de tarjetas de crédito y sólo deje abiertas una o dos. Resulta difícil controlar su presupuesto si tiene demasiadas tarjetas.

- Cierre todas las cuentas de establecimientos comerciales. Las tarjetas de crédito que específicamente emiten grandes tiendas o almacenes nunca son convenientes, aunque le ofrezcan un incentivo por firmar. Las tasas de interés son más altas y no influyen tanto en su informe crediticio como las tarjetas de los grandes bancos.

De Cara al Futuro 9

Este libro lo ha ayudado a enfrentarse a sus problemas de deudas, entender y mejorar su nivel de crédito y administrar su dinero con mayor eficiencia. Sin embargo, todavía queda mucho trabajo por hacer.

Cambie su actitud y mentalidad respecto al dinero

Usted ha experimentado ciertas dificultades para el manejo de sus deudas y "limpiar" su informe crediticio. Ahora que ya ha resuelto dichos problemas, tiene que pensar de qué manera puede evitar que se repitan en el futuro. Muchas de las soluciones que se ofrecen en este libro funcionan sólo una vez. Por ejemplo, obtener una segunda hipoteca sobre su vivienda solamente se puede hacer una vez.

Usted tiene que ser muy prudente a la hora de cumplir su presupuesto. Manténgalo en la puerta del refrigerador o en su billetera si cree que así se le facilitará su objetivo. Tendrá que cambiar respecto a la manera en que usted se maneja respecto al dinero. Lleve un control estricto de dónde va a parar cada centavo. Utilice las tarjetas de crédito con suma cautela. No utilice tarjetas sin antes saber cómo y dónde obtendrá el dinero para pagar sus compras.

En algunas ocasiones permítase un respiro. Puede apartarse del presupuesto un día, de la misma manera en que uno puede seguir una dieta y tomarse una pequeña licencia. Pero al igual que lo que sucede con las dietas, es necesario compensar la diferencia en algún momento para evitar complicaciones posteriores. Determine de antemano hasta qué punto puede apartarse del presupuesto. Una cosa es gastar un par de dólares extra para pagarse un café espresso antes de entrar al trabajo y otra es comprarse inesperadamente un sofá nuevo. Cada uno de estos gastos debe compensarse de una manera diferente.

CÓMO ENFRENTAR LOS CAMBIOS

Usted tiene un presupuesto que funcionará en la medida que sus gastos e ingresos actuales se mantengan constantes. No obstante, es poco probable que tales ingresos y gastos se mantengan iguales eternamente. Es posible que en su trabajo reciba un sueldo o salario menor o mayor al actual. Los precios de la gasolina pueden subir o bajar. Es posible que le haga falta comprarse un carro nuevo, o arrendar otro apartamento pagando un alquiler más elevado.

Si sus ingresos o gastos experimentan variaciones deberá ajustar su presupuesto de manera acorde. Si sus ingresos disminuyen tendrá que buscar la manera de reducir gastos o terminará endeudado "hasta el cuello". Si sus ingresos aumentan, considere la posibilidad de mantener sus gastos al mismo nivel que antes y ahorrar la diferencia. Coloque ese dinero en una cuenta bancaria, certificado de depósito (CD), o, incluso, una cuenta de inversiones. Deje que su dinero se acumule y crezca para comprarse una casa, tomarse unas vacaciones o contar con ahorros para el futuro.

Tenga en cuenta que si cambia de empleo no está obligado a notificar a sus acreedores al respecto. Si desea obtener límites de crédito más elevados y sus ingresos son más altos, sería conveniente notificarlos. Sin embargo, si le reducen sus ingresos, los acreedores no tienen por qué saberlo siempre que usted pueda ajustar sus gastos a efectos de poder pagar todas sus cuentas. Recuerde notificar a los acreedores cuando se muda a otro domicilio, de manera que pueda seguir recibiendo los estados de cuenta y pagar sus cuentas puntualmente.

LOS FACTORES DE AUTOESTIMA Y LA COMPULSIÓN AL GASTO

Mucha, muchísima gente tiene dificultades para pagar sus deudas, en un momento u otro de su vida. Usted no es el único ni la única. Es posible que haya caído en tal situación debido a penurias inesperadas, tales como divorcio, enfermedad, ceses o despidos. Es menester aceptar que algunos sucesos negativos suelen ocurrir y que lo mejor que se puede hacer es enfrentarse a las consecuencias. Concéntrese en el futuro. Trace planes para saber de qué manera va a salir adelante y procure cumplirlos.

Si ha caído en tales situaciones debido a sus propios errores, reflexione sobre lo ocurrido, piense de qué manera puede modificar su propio comportamiento y sus hábitos, y tome las medidas necesarias. Quizá descubre que padece de una compulsión a gastar. Si tal es su caso, consulte a un profesional de la salud mental o a un profesional de la gestión de deudas. Posiblemente el problema es que, sencillamente, usted se maneja muy mal con los números. Pídale a su cónyuge o a un buen amigo que le ayude a cumplir su presupuesto. No tenga reparo en solicitar ayuda a otras personas.

Al planear su futuro, piense que el dinero es una herramienta importante pero también peligrosa que debe utilizarse con cautela.

APÉNDICE

FORMULARIOS

Los formularios del presente apéndice pueden desprenderse para facilitar su uso. Sin embargo, sería mejor fotocopiarlos para disponer de más de un ejemplar en caso de cometer un error (o para utilizarlos como borradores). Se trata de cartas que resultaría conveniente imprimirlas en su propio papel sencillo o con membrete.

ÍNDICE DE FORMULARIOS

EVALUACIÓN DE DEUDAS

Complete los espacios en blanco hacienda una lista de todas sus deudas mensuales. Calcule los totales de las dos últimas columnas a fin de determinar el total de sus deudas mensuales.

NOMBRE DEL ACREEDOR	NÚMERO DE CUENTA	TOTAL ADEUDADO	PAGO MENSUAL
_____	_____	_____	_____
_____	_____	_____	_____
_____	_____	_____	_____
_____	_____	_____	_____
_____	_____	_____	_____
_____	_____	_____	_____
_____	_____	_____	_____
_____	_____	_____	_____
_____	_____	_____	_____
_____	_____	_____	_____
_____	_____	_____	_____
_____	_____	_____	_____
_____	_____	_____	_____
_____	_____	_____	_____
_____	_____	_____	_____
_____	_____	_____	_____

Cantidad total que usted debe:_____

Total de pagos mensuales que debe efectuar:_____

EVALUACIÓN DE BIENES

Sueldo/salario:

Cantidad mensual que gana:_____

Cantidad anual que gana:_____

Otros ingresos (manutención infantil, pensión alimenticia, etc.): _____

Cantidad mensual:_____

Cantidad anual:_____

Total de ingresos:

Mensual: _____

Anual: _____

Otros bienes: incluya una lista con cada bien o propiedad, indicando el número de cuenta (si corresponde) y el valor (cuánto dinero).

NOMBRE	NÚMERO DE CUENTA	VALOR
_____	_____	_____
_____	_____	_____
_____	_____	_____
_____	_____	_____
_____	_____	_____
_____	_____	_____
_____	_____	_____
_____	_____	_____
_____	_____	_____
_____	_____	_____
_____	_____	_____

Valor total de los otros bienes: _____

EVALUACIÓN DE TOTALES

Mensual

Ingreso mensual total: _____

Total de las deudas mensuales: _____

Reste las deudas de los bienes y obtenga este total: _____.

Si el número es negativo, resulta claro que usted tendrá que efectuar algunos cambios. Si el número es positivo pero no suficiente para pagar gastos básicos –alimentación, gasolina, etc.- también tendrá que efectuar cambios.

Total de bienes: _____

Total de deudas: _____

Compare ambas cifras. Si sus bienes suman más que sus deudas, usted está en una situación buena o aceptable. Si sus deudas son mayores que sus bienes, queda claro que le hace falta tomar medidas para corregir tal situación.

CARTA DE RECLAMACIÓN POR PRÁCTICAS DE COBRANZAS INCORRECTAS

_____(su nombre y dirección)

_____

_____

_____ (nombre y dirección del acreedor o de la agencia de cobranzas)

_____

_____

_____ (fecha)

Estimado(a) señor/señora:

Me dirijo a usted para informarle que en sus tratativas conmigo, su agencia/compañía ha infringido la Ley Federal de Prácticas de Cobranzas Correctas (ley federal). El(los) incidente(s) ocurrió en fecha _____, de la manera siguiente:

_____

_____

_____

_____

_____.

Por la presente le solicito que tome las medidas necesarias para modificar tales prácticas. Asimismo, remitiré una fotocopia de esta carta a la Comisión Federal de Comercio y al Fiscal General del Estado.

Atentamente,

cc: Comisión Federal de Comercio

        Fiscal General del Estado

CARTA PARA SOLICITAR INFORME CREDITICIO

_____ (su nombre y dirección)

_____

_____

_____ (nombre y dirección de la agencia de informes crediticios)

_____

_____

_____ (fecha)

Estimado(a) señor/señora:

Me dirijo a usted para solicitarle una copia de mi informe crediticio.

__ Me han rechazado solicitudes de crédito o de empleo en los últimos 60 días en base a mi informe crediticio y por tal motivo les solicito una copia gratuita.

__Adjunto $__ según se requiere en el estado donde resido y solicito que me envíe mi informe crediticio. A efectos de verificar datos, utilice la siguiente información:

No. de seguro social: _____

Empleo actual: _____

Mi última dirección anterior: _____

Nombre y número de una de mis tarjetas de crédito: _____

Favor de remitir mi informe crediticio a la dirección arriba indicada.

Atentamente,

REGISTRO DE CORRESPONDENCIA

Fecha	Nombre de la empresa	Nombre de la persona a contactar	Número de cuenta o asunto	Tipo de correspondencia	Medida	Medidas a tomar
1.						
2.						
3.						
4.						
5.						

CARTA PARA SOLICITAR LA FUSIÓN DE SU INFORME CREDITICIO
CON EL DE SU CÓNYUGE

_____ (su nombre y dirección)

_____

_____

_____ (nombre y dirección de la agencia de informes crediticios)

_____

_____

_____ (fecha)

Estimado(a) señor/señora:

Favor de combinar en uno solo mi informe crediticio con el de mi cónyuge.

Mi número de Seguro Social: _____

Número de expediente o informe crediticio de su agencia: _____

Nombre de mi cónyuge: _____

Número de Seguro Social de mi cónyuge: _____

Atentamente,

CARTA PARA SOLICITAR LA INDIVIDUALIZACIÓN DEL INFORME CREDITICIO

_____ (su nombre y dirección)

_____

_____

_____ (nombre y dirección de la agencia de informes crediticios)

_____

_____

_____ (fecha)

Estimado(a) señor/señora:

Recientemente recibí una copia de mi informe crediticio y observé que contiene información sobre mí y sobre mi cónyuge. Quisiera que la información sobre mi cónyuge sea eliminada del informe.

Mi número de Seguro Social: _____

Número de expediente o informe crediticio de su agencia: _____

Nombre de mi cónyuge: _____

Número de Seguro Social de mi cónyuge: _____

Atentamente,

CARTA A UN ACREEDOR RESPECTO A UN ERROR DE FACTURACIÓN

_____ (su nombre y dirección)

_____

_____

_____ (nombre y dirección del acreedor)

_____

_____

_____ (fecha)

Estimado(a) señor/señora:

Recientemente recibí una cuenta enviada por su empresa, en la cual hay un error.

Mi número de cuenta es el _____.

El punto incorrecto es _____ por valor de $_____ con fecha _____.

Este dato es incorrecto porque indica_____ _____

_____ y debería indicar_____

Le agradecería si pudiera corregir este punto y enviarme una copia del informe una vez que haya sido corregido.

Atentamente,

CARTA PARA SOLICITAR QUE SE CORRIJA UN ERROR EN EL INFORME CREDITICIO

_____ (su nombre y dirección)

_____

_____

_____ (nombre y dirección de la agencia de informes crediticios)

_____

_____

_____ (fecha)

Estimado(a) señor/señora:

Recientemente recibí una copia de mi informe crediticio enviada por su agencia. El número de mi expediente o del informe crediticio es el_____. Al examinar mi informe he observado el(los) siguiente(s) error(es):

1._____

Este dato es incorrecto porque indica _____

y debería, en cambio, indicar _____.

2. _____

Este dato es incorrecto porque indica _____

y debería, en cambio, indicar _____.

3. _____

Este dato es incorrecto porque indica _____

y debería, en cambio, indicar _____.

Le agradecería que estos errores fueran corregidos. Espero recibir sus noticias dentro de los próximos 30 días.

Atentamente,

SEGUNDA SOLICITUD DE REINVESTIGACIÓN

_____ (su nombre y dirección)

_____

_____

_____ (nombre y dirección de la agencia de informes crediticios)

_____

_____

_____ (fecha)

Estimado(a) señor/señora:

En fecha _____ le envié por escrito una solicitud de reinvestigación (su número de expediente o informe crediticio es el ___) de los siguientes errores que se han producido en mi informe crediticio.

1._____

2. _____

3._____

Adjunto una copia de la carta que le envié. Han transcurrido 30 días y no he recibido respuesta respecto a dicho asunto. Le agradecería que me notificara el resultado de mi solicitud tan pronto como fuera posible.

Atentamente,

CARTA PARA SOLICITAR QUE SE ELIMINEN DATOS INCORRECTOS QUE REAPARECEN EN EL INFORME CREDITICIO

_____(su nombre y dirección)

_____

_____

_____ (nombre y dirección de la agencia de informes crediticios)

_____

_____

_____ (fecha)

Estimado(a) señor/señora:

Me dirijo a usted respecto a mi informe crediticio (su número de expediente o informe crediticio es el _____). En fecha _____ su agencia eliminó los siguientes datos incorrectos de mi informe:

_____
_____
_____
_____

_____ a mi pedido porque _____

_____
_____.

En la última copia de mi informe crediticio con fecha _____, dichos datos incorrectos volvieron a aparecer. Por la presente les solicito que inmediatamente eliminen los datos incorrectos y los sustituyan por la siguiente información correcta:

_____
_____.

Favor de hacerme saber cuando ha sido efectuada la corrección y remitirme una copia del informe corregido.

Atentamente,

CARTA A UN ACREEDOR RESPECTO A DATOS INCORRECTOS
EN EL INFORME CREDITICIO

_____ (su nombre y dirección)

_____

_____

_____ (nombre y dirección del acreedor)

_____

_____

_____ (fecha)

Estimado(a) señor/señora:

Me dirijo a usted respecto a my cuenta número _____. Recientemente recibí una copia de mi informe crediticio enviada por la siguiente agencia de informes crediticios: _____ . La cuenta que mantengo con ustedes aparece incorrectamente como _____, cuando en realidad _____. He solicitado que la agencia de informes crediticios verifique estos datos con ustedes y me dijeron que ustedes no verificaron que los datos fueran los correctos.

Por la presente le solicito que inmediatamente se ponga en contacto con la citada agencia de informes crediticios y le proporcione los datos correctos respecto a esta cuenta. Sírvase proporcionarme una copia de la correspondencia que su empresa remita para efectuar las correcciones. Si usted no reporta la información correcta a la mencionada agencia, estoy dispuesto(a) a hacer cumplir mis derechos de conformidad con la Ley de Prácticas de Cobranzas Correctas.

Atentamente,

CARTA PARA INDICAR UN ERROR COMETIDO POR EL ACREEDOR

_____ (su nombre y dirección)

_____

_____

_____ (nombre y dirección de la agencia de informes crediticios)

_____

_____

___ (fecha)

Estimado(a) señor/señora:

Me dirijo a usted respecto a mi informe crediticio (su número de expediente o informe crediticio es el _____). En dicho informe se ha cometido un error. _____ se incluye erróneamente. He contactado directamente con el acreedor y el propio acreedor ha reconocido que se equivocó al reportarle dicha cuenta a su agencia. Adjunto constancia escrita al respecto y al mismo tiempo le solicito que efectúe los cambios pertinentes en mi informe crediticio tan pronto como fuera posible y me remita una copia del informe corregido.

Atentamente,

CARTA PARA SOLICITAR UNA EXONERACIÓN

_____ (su nombre y dirección)

_____

_____

_____ (nombre y dirección del acreedor)

_____

_____

____ (fecha)

Estimado(a) señor/señora:

Me dirijo a usted respecto a mi cuenta número _____, respecto a la cual se dictó una sentencia en favor de su compañía en fecha _____, por la cantidad de $_____. La cantidad dispuesta por esta sentencia fue pagada por completo y le solicito que su compañía inmediatamente complete y presente una exhoneración formal ante el tribunal. Favor de enviarme una copia de la exhoneración y remitírsela también a la agencia de informes crediticios.

Atentamente,

CARTA PARA SOLICITAR LA INCLUSIÓN DE CUENTAS

_____ (su nombre y dirección)

_____

_____

_____ (nombre y dirección de la agencia de informes crediticios)

_____

_____

_____ (fecha)

Estimado(a) señor/señora:

Recientemente recibí una copia de mi informe crediticio (su número de expediente o informe crediticio es el ____) enviada por su agencia. He observado que varias de mis cuentas no aparecen en el informe. Dado que dichos informes gozan de excelente historial de pagos, le agradecería si pudiera incluirlos en varias de mis cuentas no aparecen en el informe. Dado que dichos informes gozan de excelente historial de pagos, le agradecería si pudiera incluirlos en mi informe crediticio. A continuación se indican los nombres, direcciones, y números de cuenta de los acreedores. Adjunto copias de mis pagos más recientes relacionados con dichas cuentas a efectos de que su agencia pueda verificarlos.

Nombre del acreedor	Dirección	Número de cuenta

Sírvase notificarme cuando se incluyan los referidos datos.

Atentamente,

CARTA PARA SOLICITAR QUE SE AÑADA INFORMACIÓN

_____ (su nombre y dirección)

_____

_____

_____ (nombre y dirección de la agencia de informes crediticios)

_____

_____

_____ (fecha)

Estimado(a) señor/señora:

Recientemente recibí una copia de mi informe crediticio (su número de expediente o informe crediticio es el _____) enviada por su agencia. Quisiera que se incluyeran en mi informe los datos que figuran a continuación. Estos datos no están incluidos en el informe actual, demuestran estabilidad y, por lo tanto, harían que mis informes fueran más favorables. Le agradeceré su colaboración al respecto.

_____

_____

_____

_____

_____

_____

Atentamente,

CARTA CON DECLARACIÓN DE 100 PALABRAS

_____ (su nombre y dirección)

_____

_____

_____ (nombre y dirección de la agencia de informes crediticios)

_____

_____

____ (fecha)

Estimado(a) señor/señora:

Quisiera que la siguiente declaración de 100 palabras se incluyera en mi informe crediticio (su número de expediente o informe crediticio es el _____).

_____

_____

_____

_____

_____

_____

Atentamente,

LISTA DE DEUDAS POR ORDEN DE PRIORIDAD

Examine las deudas en su formulario de EVALUACIÓN DE DEUDAS. Ordénelas a continuación por orden de prioridad, de manera que pueda pagar o negociar las cuentas más urgentes.

PRIORIDAD   CUENTA   CANTIDAD

1. _____   _____

2. _____   _____

3. _____   _____

4. _____   _____

5. _____   _____

6. _____   _____

7. _____   _____

8. _____   _____

9. _____   _____

10. _____   _____

11. _____   _____

12. _____   _____

13. _____   _____

14. _____   _____

15. _____   _____

16. _____   _____

17. _____   _____

18. _____   _____

19. _____   _____

20. _____   _____

DECLARACIÓN DE CIRCUNSTANCIAS

_____ (su nombre y dirección)

_____

_____

_____ (nombre y dirección del posible acreedor)

_____

_____

_____ (fecha)

Estimado(a) señor/señora:

Me dirijo a usted respecto a mi solicitud de crédito. He leído mi informe crediticio y he observado que en el mismo figuran algunos datos que podrían constituir un motivo de preocupación. Permítame explicarle. He experimentado las siguientes circunstancias:
_____
_____
_____

las cuales ocasionaron los problemas que usted puede observar en el informe crediticio. Mis circunstancias de crédito actuales son las siguientes:_____
_____
_____

y quisiera que comprenda que mi situación ha mejorado. Podré efectuar todos los pagos debidos sin ningún problema y espero que usted le dé consideración a mi solicitud.

Atentamente,

CARTA PARA SOLICITAR QUE NO LE ENVÍEN MATERIAL
DE PROMOCIÓN (OPT OUT)

_____ (su nombre y dirección)

_____

_____

_____(nombre y dirección del programa "Opt Out" de la agencia de informes crediticios)

_____

_____

_____ (fecha)

Estimado(a) señor/señora:

Por la presente le indico que no quisiera que ninguna información sobre mí le sea proporcionada a ninguna compañía que procure enviarme materiales promocionales. Por favor no les faciliten ningún dato sobre mí. No deseo recibirf envíos por correo ni llamadas telefónicas de las empresas que promueven sus servicios.

Atentamente,

PRESUPUESTO

Ingrese sus gastos mensuales aproximados en este formulario. Deberá incluir todos los rubros en los cuales usted gasta dinero. También es necesario incluir puntos tales como la matriculación del automóvil que usted paga anualmente o una vez cada dos años. Si usted efectúa pagos anuales, divida el total entre 12 y anote el resultado. Si usted paga cada dos años un gasto determinado, divida el total entre 24. Asegúrese de incluir los gastos de todas las personas que dependen de usted.

GASTOS DEL HOGAR

Alquiler/hipoteca _____

Impuestos inmobiliarios
(si no están incluidos en la hipoteca) _____

Seguro de vivienda
(como propietario o arrendatario) _____

Electricidad _____

Gas _____

Teléfono _____

TV por cable _____

Reparaciones de la vivienda _____

Alimentación _____

Bebidas alcohólicas _____

Suministros para el hogar _____

Compra y mantenimiento de mobiliario _____

Gastos de mantenimiento del jardín/patio _____

Otro _____

GASTOS PERSONALES

Ropa _____

Lavandería/limpieza en seco de ropa _____

Peluquería y peinados _____

Otros cuidados personales
(manicura, salón de belleza, etc.) _____

Cuota del gimnasio _____

Otros clubes o asociaciones _____

Seguro de vida _____

Seguro médico _____

Plan de medicamentos _____

Pagos parciales por atención
médica/medicamentos (co-pays) _____

Óptica _____

Dentista _____

Otros gastos médicos _____

Artículos de higiene/aseo personal _____

Caridad _____

Baby sitter _____

Servicio doméstico _____

Hobbies o pasatiempos _____

Cigarrillos _____

Dinero para gastos de los hijos _____

Gastos de cuidado de perros, gatos, etc. _____

Otro _____

GASTOS DE AUTOMÓVIL

Pago del préstamo o "lease" _____

Seguro del carro _____

Inspección del carro _____

Matriculación del carro _____

Licencia de manejo _____

Reparaciones y mantenimiento del carro _____

Transporte en autobús/tren/avión/taxi _____

Gasolina _____

Lavado del carro _____

Estacionamiento (parking)/peajes _____

Otro _____

GASTOS DE ENTRETENIMIENTO

Restaurantes _____

Cine, teatro, etc. _____

Libros, periódicos y revistas _____

Alquiler de videocintas _____

Vacaciones _____

Otro _____

FAMILIARES Y AMIGOS

Regalos para las fiestas _____

Regalos de cumpleaños, aniversarios, bodas _____

Tarjetas de felicitación y papel de regalo _____

Pago de préstamo personal _____

Otro _____

TARJETAS DE CRÉDITO

(anote cada tarjeta de crédito por separado, con el pago mensual)

_____   _____

_____   _____

_____   _____

_____   _____

_____   _____

_____   _____

EDUCACIÓN

Matrículas y tasas académicas _____

Pagos de préstamos estudiantiles _____

Otro _____

OTROS GASTOS

_____   _____

_____   _____

_____   _____

_____   _____

TOTAL DE GASTOS _____

REGISTRO DE GASTOS

Para _____ (mes y año)

Fecha	Concepto	Costo	Total diario
_____	_____	_____	_____
_____	_____	_____	_____
_____	_____	_____	_____
_____	_____	_____	_____
_____	_____	_____	_____
_____	_____	_____	_____
_____	_____	_____	_____
_____	_____	_____	_____
_____	_____	_____	_____
_____	_____	_____	_____
_____	_____	_____	_____
_____	_____	_____	_____
_____	_____	_____	_____
_____	_____	_____	_____
_____	_____	_____	_____
_____	_____	_____	_____
_____	_____	_____	_____
_____	_____	_____	_____
_____	_____	_____	_____
_____	_____	_____	_____
_____	_____	_____	_____
_____	_____	_____	_____
_____	_____	_____	_____
_____	_____	_____	_____
_____	_____	_____	_____
_____	_____	_____	_____

Fecha	Concepto	Costo	Total diario

Total mensual: _____

CARTA PARA OFRECER LA DEVOLUCIÓN DE BIENES EN GARANTÍA

_____ (su nombre y dirección)

_____

_____

_____ (nombre y dirección del acreedor)

_____

_____

_____ (fecha)

Estimado(a) señor/señora:

Me dirijo a usted respecto a mi cuenta número _____, la cual utilicé para comprar los siguientes artículos con garantía:

_____

_____

_____.

Como usted sabe, he estado experimentando dificultades financieras en épocas recientes. Deseo proponerle el siguiente arreglo respecto a esta cuenta. Ofrezco devolverle a usted la propiedad en garantía, a cambio de la cancelación de la deuda y que se reporte una calificación neutral o positiva respecto a dicha cuenta a las agencias de informes crediticios. Sírvase responder a esta oferta por escrito dentro de los próximos 14 días.

Atentamente,

CARTA PARA SOLICITAR UN PLAN DE PAGOS

_____ (su nombre y dirección)

_____

_____

_____ (nombre y dirección del acreedor)

_____

_____

_____ (fecha)

Estimado(a) señor/señora:

Soy el titular de la cuenta número _____. He estado experimentando algunas dificultades financieras que me han ocasionado problemas para efectuar los pagos correspondientes a esta cuenta. Tengo toda las intenciones de pagarle el total adeudado pero en este momento, mi situación económica no me permite pagar la referida cuenta. Por tal motivo, quisiera negociar un plan de pagos de la manera siguiente: _____
_____
_____.

Quisiera proponerle, también, que en el marco de dicho plan, usted reporte la siguiente información respecto a mi cuenta a las agencias de informes crediticios:
_____
_____
_____.

Tenga a bien responder a esta propuesta por escrito dentro de los próximos 14 días.

Atentamente,

CARTA PARA EXPLICAR SU CONDICIÓN DE INSOLVENTE

_____ (su nombre y dirección)

_____

_____

_____ (nombre y dirección del acreedor)

_____

_____

_____ (fecha)

Estimado(a) señor/señora:

Soy consciente de que me he retrasado en los pagos correspondientes a la cuenta _____. No me resulta posible efectuar los pagos porque estoy experimentando dificultades económicas. Quisiera notificarle que no tengo ingresos ni bienes de mi propiedad y carezco de objeto alguno que pudiera embargarme. Dado que soy insolvente, le ruego que no pierda su tiempo y energías en gestiones infructuosas relacionadas con la referida cuenta.

Atentamente,

CARTA PARA NOTIFICAR SUS INTENCIONES DE DECLARARSE EN BANCARROTA

_____ (su nombre y dirección)

_____

_____

_____ (nombre y dirección del acreedor)

_____

_____

_____ (fecha)

Estimado(a) señor/señora:

Me dirijo a usted en relación con la cuenta número _____. Por la presente le hago saber que he solicitado que se me declare en bancarrota e incluiré esta cuenta entre las deudas de cuyo pago solicito que se me exhonere.

Atentamente,

CARTA PARA SOLICITAR UNA SUSPENSIÓN DE PAGOS TEMPORARIA

_____ (su nombre y dirección)

_____

_____

_____ (nombre y dirección del acreedor)

_____

_____

_____ (fecha)

Estimado(a) señor/señora:

Me dirijo a usted en relación con la cuenta número _____. Estoy retrasado en los pagos y estoy experimentado algunas dificultades económicas temporarias. Tengo todas las intenciones de pagar esta cuenta en su totalidad. Sin embargo, me resulta imposible efectuar pagos en este momento durante el período de _____. Por tal motivo le solicito que me permita suspender _____ pago(s) a fin de darme tiempo para recuperarme financieramente. Le agradeceré que pueda ayudarme de la manera indicada. Déjeme saber por escrito si dicho arreglo es posible.

Atentamente,

CARTA PARA CERRAR UNA CUENTA

_____ (su nombre y dirección)

_____

_____

_____ (nombre y dirección del acreedor)

_____

_____

_____ (fecha)

Estimado(a) señor/señora:

Sírvase cerrar la cuenta número _____ que mantengo con su empresa, debido a que ya no utilizaré esta cuenta.

Atentamente,

Department of the Treasury
Internal Revenue Service

www.irs.gov

Form 656 (Rev. 1-2000)
Catalog Number 16728N

Form 656

Offer in Compromise

The following pages contain:

■ Information you need to know before submitting an offer in compromise

■ Instructions on the type of offers you can submit

■ A worksheet you can use to calculate your offer amount

■ Instructions on completing an offer in compromise form

■ Two copies of Form 656

Note: You can get forms and publications by calling 1–800–829–1040, or by visiting your local Internal Revenue Service (IRS) office or our web site at *www.irs.gov*.

What You Need to Know Before Submitting an Offer in Compromise

What is an Offer In Compromise?

An *Offer In Compromise* (OIC) is an agreement between a taxpayer and the Internal Revenue Service (IRS) that resolves the taxpayer's tax liability. The IRS has the authority to settle, or *compromise*, federal tax liabilities by accepting less than full payment under certain circumstances. The IRS may legally compromise for one of the following reasons:

- **Doubt as to Liability** — Doubt exists that the assessed tax is correct.

- **Doubt as to Collectibility** — Doubt exists that you could ever pay the full amount of tax owed.

- **Effective Tax Administration** — There is no doubt the tax is correct and no doubt the amount owed could be collected, but an exceptional circumstance exists that allows us to consider your offer. To be eligible for compromise on this basis, you must demonstrate that collection of the tax would create an economic hardship or would be unfair and inequitable.

Form 656, Offer In Compromise, and Substitute Forms

Form 656, *Offer In Compromise*, is the official compromise agreement. Substitute forms, whether computer-generated or photocopies, must affirm that:

1. The substitute form is a verbatim duplicate of the official Form 656, and

2. You agree to be bound by all terms and conditions set forth in the official Form 656.

You must initial and date all pages of the substitute form, in addition to signing and dating the signature page.

You can get Form 656 by calling 1-800-829-1040, by visiting your local Internal Revenue Service (IRS) office, or by accessing our web site at www.irs.gov

Am I Eligible for Consideration of an Offer In Compromise?

You may be eligible for consideration of an Offer In Compromise if:

1. In your judgment, you don't owe the tax liability (**Doubt as to Liability**). You must submit a detailed written statement explaining why you believe you don't owe the tax liability you want to compromise. You won't be required to submit a financial statement if you're submitting an offer on this basis alone.

2. In your judgment, you can't pay the entire tax liability in full (**Doubt as to Collectibility**). You must submit a statement showing your current financial situation.

3. You agree the tax liability is correct and you're able to pay the balance due in full, but you have exceptional circumstances you'd like us to consider (**Effective Tax Administration**). To receive consideration on this basis, you must submit:

a. A financial statement, and

b. A detailed written narrative. The narrative must explain your exceptional circumstances and why paying the tax liability in full would either create an economic hardship or would be unfair and inequitable.

We'll also consider your overall history of filing and paying taxes.

Note: If you request consideration on the basis of effective tax administration, we're first required to establish that there is no doubt as to liability and no doubt as to collectibility. We can only consider an offer on the basis of effective tax administration after we've determined the liability is correct and collectible.

2

When Am I Not Eligible for Consideration of an Offer In Compromise?

You are not eligible for consideration of an Offer In Compromise on the basis of **doubt as to collectibility** or **effective tax administration** if:

1. You haven't filed all federal tax returns, or

2. You're involved in an open bankruptcy proceeding.

Note: If you are an in-business taxpayer, you must have timely filed and timely deposited all employment taxes for the two prior quarters before the offer was submitted. You must have also timely made all federal tax deposits during the quarter in which the offer is being submitted.

What We Need to Process Your Offer In Compromise

For us to process your offer, you must provide a complete and correct Form 656 and:

■ Form 433-A, *Collection Information Statement for Individuals*, if you're submitting an offer as an **individual.**

■ Forms 433-A and 433-B, *Collection Information Statement for Businesses*, if you're submitting an offer as a **self-employed** taxpayer.

■ Form 433-B, if you're submitting an offer as a **corporation or other business** taxpayer. We may also require Forms 433-A from corporate officers or individual partners.

For a more detailed explanation of the information required to complete these forms, see the section entitled "Financial Information" on page 4.

Note: We don't need a financial statement for an offer based solely on doubt as to liability.

Please complete all applicable items on Form 656 and provide all required documentation. We may contact you for any missing required information. If you don't respond to our request or provide the required information, we won't recommend your offer for acceptance and will return your Form 656 to you by mail. We will explain our reason(s) for returning your offer in our letter. The reasons for return are:

■ The pre-printed terms and conditions listed on Form 656 have changed

■ A taxpayer name is missing

■ A Social Security Number or Employer Identification Number is missing, incomplete, or incorrect

■ An offer amount or payment term is unstated

■ A signature is missing

■ A financial statement (Form 433-A or Form 433-B) is missing or incomplete, if your offer is based on doubt as to collectibility or effective tax administration

■ Requested financial statement verification isn't provided

■ Our records show you don't have a tax liability

■ Your offer is submitted solely to delay collection or if a delay will jeopardize our ability to collect the tax

Note: You should personally sign your offer as well as any required collection information statements unless unusual circumstances prevent you from doing so. If an authorized power of attorney signs your offer because of unusual circumstances, you must include a completed Form 2848, Power of Attorney and Declaration of Representative, with your offer.

3

What You Should Do If You Want to Submit an Offer In Compromise

Determine Your Offer Amount

All offer amounts (**doubt as to liability**, **doubt as to collectibility**, or **effective tax administration**) must exceed $0.00.

■ **Doubt as to Liability**

Complete Item 9, *Explanation of Circumstances*, on Form 656, explaining why, in your judgment, you don't owe the tax liability you want to compromise. Offer the correct tax, penalty, and interest owed based on your judgment.

■ **Doubt as to Collectibility**

Complete Form 433-A, *Collection Information Statement for Individuals* (and if applicable, Form 433-B, *Collection Information Statement for Businesses*) and attach to your Form 656. To figure your offer amount, complete the worksheet on pages 8–10 and enter this amount on Item 7 of Form 656.

You must offer an amount greater than or equal to the "reasonable collection potential" (RCP). The RCP equals the net equity of your assets plus the amount we could collect from your future income. Please see page 8, **Terms and Definitions**, for more detailed definitions of these and other terms.

If special circumstances cause you to offer an amount less than the RCP, you must also complete Item 9, *Explanation of Circumstances*, on Form 656, explaining your situation. Special circumstances may include advanced age, serious illness from which recovery is unlikely, or other circumstances that you believe are unusual.

■ **Effective Tax Administration**

Complete Form 433-A (and Form 433-B, if applicable) and attach to Form 656.

Complete Item 9, *Explanation of Circumstances*, on Form 656, explaining your exceptional circumstances and why requiring payment of the tax liability in full would either create an economic hardship or would be unfair and inequitable.

Enter your offer amount on Item 7 of Form 656.

Financial Information

You must provide financial information when you submit offers on the bases of **doubt as to collectibility** and **effective tax administration**.

If you're submitting an offer as an individual, you must file Form 433-A, Collection Information Statement for Individuals, with your Form 656. If you're a self-employed taxpayer, you must also file Form 433-B, Collection Information Statement for Businesses. If you're a corporate or other business taxpayer, you must file Form 433-B. We may also request Forms 433-A from corporate officers or individual partners.

You must send us current information that reflects your financial situation for at least the past six months. Financial statements must show all your assets and income, even those unavailable to us through direct collection action, because you can use them to fund your offer. The offer examiner needs this information to evaluate your offer and may ask you to update it or verify certain financial information. We may also return offer packages without complete financial statements.

Note: **Do not include information about unsecured creditors when reporting your liabilities on Form 433-A, line 28, or Form 433-B, line 25. For example, don't include amounts you owe on credit cards or on loans not backed by assets as security.**

When only one spouse has a tax liability but both have incomes, only the spouse responsible for the debt is required to prepare the necessary financial statements. In states with community property laws, however, we require financial statements from both spouses. We may also request financial information on the non-liable spouse for offer verification purposes, even when community property laws do not apply.

4

Determine Your Payment Terms

You can pay in three ways:

- Cash (paid in 90 days or less)

- Short-Term Deferred Payment (more than 90 days, up to 24 months)

- Deferred Payment (offers with payment terms over the remaining statutory period for collecting the tax)

Cash Offer

You must pay cash offers within 90 days of acceptance.

You should offer the realizable value of your assets plus the total amount we could collect over 48 months of payments (or the remainder of the ten-year statutory period for collection, whichever is less).

Note: We require full payment of accepted doubt as to liability offers at the time of mutual agreement of the corrected liability. If you're unable to pay the corrected amount, you must also request compromise on the basis of doubt as to collectibility.

Short-Term Deferred Payment Offer

This option requires you to pay the offer within two years of acceptance.

The offer must include the realizable value of your assets plus the amount we could collect over 60 months of payments (or the remainder of the ten-year statutory period for collection, whichever is less).

We may file a Notice of Federal Tax Lien on tax liabilities compromised under short-term deferred payment offers.

Deferred Payment Offer

This payment option requires you to pay the offer amount over the remaining statutory period for collecting the tax.

The offer must include the realizable value of your assets plus the amount we could collect through monthly payments during the remaining life of the collection statute.

The deferred payment plan has three options:

Option One

- Full payment of the realizable value of your assets within 90 days from the date we accept your offer, and

- Your future income in monthly payments during the remaining life of the collection statute.

Option Two

- Cash payment for a portion of the realizable value of your assets within 90 days from the date we accept your offer, and

- Monthly payments during the remaining life of the collection statute for both the balance of the realizable value and your future income.

Option Three

- The entire offer amount in monthly payments over the life of the collection statute.

Just as with short-term deferred payment offers, we may file a Notice of Federal Tax Lien.

Note: The worksheet on page 10 instructs you how to figure the appropriate amount for a Cash, Short-Term Deferred Payment, or Deferred Payment Offer.

5

How We Consider Your Offer	An offer examiner will evaluate your offer and may request additional documentation from you to verify financial or other information you provide. The examiner will then make a recommendation to accept or reject the offer. The examiner may also	return your offer if you don't provide the requested information.

The examiner may decide that a larger offer amount is necessary to justify acceptance. You'll have the opportunity to amend your offer. |
| **Additional Agreements** | When you submit certain offers, we may also request that you sign an additional agreement requiring you to:

■ Pay a percentage of your future earnings | ■ Waive certain present or future tax benefits

■ Link separate offers based on the same reasonable collection potential |
| **Withholding Collection Activities** | We will withhold collection activities while we consider your offer. We will not act to collect the tax liability:

■ While we investigate and evaluate your offer

■ For 30 days after we reject an offer

■ While you appeal an offer rejection | The above don't apply if we find any indication that you submitted your offer to delay collection or if a delay will jeopardize our ability to collect the tax.

If you currently have an installment agreement when you submit an offer, you must continue making the agreed upon monthly payments while we consider your offer. |
| **Suspension of the Statute of Limitations** | The collection statute of limitation is suspended for all tax periods on your offer during the period your offer is pending. Your offer is considered pending:

■ While we investigate and evaluate your offer

■ For 30 days after we reject an offer

■ While you appeal on offer rejection

When you sign the offer, you agree to suspend the assessment statute of | limitation for all tax periods included in your offer. Your signature extends this statute:

■ During the timeframes listed above

■ While the amount you agreed to pay under an accepted agreement remains unpaid

■ While any other term or condition of the offer remains unsatisfied |

6

If We Accept Your Offer

If we accept your offer, we'll notify you by mail. When you receive your acceptance letter, you must:

- Promptly pay any unpaid amounts that become due under the terms of the offer agreement

- Comply with all the terms and conditions of the offer, along with those of any additional agreement

- Promptly notify us of any change of address until you meet the conditions of your offer. Your acceptance letter will indicate which IRS office to contact if your address changes. Your notification allows us to contact you immediately regarding the status of your offer.

We will release all Notices of Federal Tax Lien when you satisfy the payment terms of the offered amount. For an immediate release of a lien, you can submit certified funds with a request letter.

In the future, not filing returns or paying taxes when due could result in the default of an accepted offer (see Form 656, Item 8(d), the future compliance provision). If you default your agreement, we will reinstate the unpaid amount of the original tax liability, file a Notice of Federal Tax Lien on any tax liability without a lien, and resume collection activities. The future compliance provision applies to offers based on **doubt as to collectibility**. In certain cases, the future compliance provision may apply to offers based on **effective tax administration**.

We won't default your offer agreement when you've filed a joint offer with your spouse or ex-spouse as long as you've kept or are keeping all the terms of the agreement, even if your spouse or ex-spouse violates the future compliance provision.

Except for offers based on **doubt as to liability**, the offer agreement requires you to forego certain refunds, and you must return erroneous refunds to us. These conditions are also listed on Form 656, Items 8(g) and 8(h).

Note: The law requires us to make certain information from accepted Offers In Compromise available for public inspection and review in your IRS District Office. Therefore, information regarding your Offer In Compromise may become publicly known.

If We Reject Your Offer

We'll notify you by mail if we reject your offer. In our letter, we will explain our reason for the rejection. If your offer is rejected, you have the right to:

- Appeal our decision to the Office of Appeals within thirty days from the date of our letter. The letter will include detailed instructions on how to appeal the rejection.

- Submit another offer. You must increase an offer we've rejected as being too low, when your financial situation remains unchanged. However, you *must* provide updated financial information when your financial situation has changed or when the original offer is more than six months old.

7

Worksheet to Calculate an Offer Amount Using Forms 433-A and/or 433-B

You need to prepare a financial statement before you can determine the amount you should offer. We use Form 433-A or Form 433-B, *Collection Information Statement*, for most purposes. Individual taxpayers should prepare a Form 433-A using Publication 1854 for instructions. Self-employed taxpayers should prepare a Form 433-A and a Form 433-B, the statement we use for businesses; Corporations and other types of businesses should prepare a Form 433-B. Remember to calculate the monthly net income from your business on Form 433-B and transfer that amount to line 34 of your Form 433-A.

Terms and Definitions

An understanding of the following terms and conditions will help you to prepare your offer.

Fair Market Value (FMV) — The amount you could reasonably expect from the sale of an asset. Provide an accurate valuation of each asset. Determine value from realtors, used car dealers, publications, furniture dealers, or other experts on specific types of assets. Please include a copy of any written estimate with your financial statement.

Quick Sale Value (QSV) — The amount you could reasonably expect from the sale of an asset if you sold it quickly, typically in ninety days or less. This amount generally is less than fair market value, but may be equal to or higher, based on local circumstances.

Realizable Value — The quick sale value amount minus what you owe to a secured creditor. The creditor must have priority over a filed Notice of Federal Tax Lien before we allow a subtraction from the asset's value.

Future Income — We generally determine the amount we could collect from your future income by subtracting necessary living expenses from your monthly income over a set number of months. For a cash offer, you must offer what you could pay in monthly payments over forty-eight months (or the remainder of the ten-year statutory period for collection, whichever is less). For a short-term deferred offer, you must offer what you could pay in monthly payments over sixty months (or the remainder of the statutory period for collection, whichever is less). For a deferred payment offer, you must offer what you could pay in monthly payments during the remaining time we could legally receive payments.

Reasonable Collection Potential (RCP) — The total realizable value of your assets plus your future income. The total is generally your minimum offer amount.

Necessary Expenses — The allowable payments you make to support you and your family's health and welfare and/or the production of income. This expense allowance does not apply to business entities. Our Publication 1854 explains the National Standard Expenses and gives the allowable amounts. We derive these amounts from the Bureau of Labor Statistics (BLS) Consumer Expenditure Survey. We also use information from the Bureau of the Census to determine local expenses for housing, utilities, and transportation.

Note: If the IRS determines that the facts and circumstances of your situation indicate that using the scheduled allowance of necessary expenses is inadequate, we will allow you an adequate means for providing basic living expenses. However, you must provide documentation that supports a determination that using national and local expense standards leaves you an inadequate means of providing for basic living expenses.

Expenses Not Generally Allowed — We typically do not allow you to claim tuition for private schools, public or private college expenses, charitable contributions, voluntary retirement contributions, payments on unsecured debts such as credit card bills, cable television charges and other similar expenses as necessary living expenses. However, we can allow these expenses when you can prove that they are necessary for the health and welfare of you or your family or for the production of income.

8

WORKSHEET

1. Enter the total amount of cash you currently have available. Include cash, savings, checking account balances minus your monthly necessary living expenses, cash value in life insurance policies, and securities (Items 20, 21, 22, and 23 of Form 433-A and/or Items 16,17,18, & 19 of Form 433-B).

   Line 1 Total $_____

2. Enter the value of any retirement plans (*e.g.*, IRA, 401-K, etc.) from which you can cash out or borrow funds minus the amount of tax (federal, state and local) and early withdrawal penalty you would incur by withdrawing these funds.

   Line 2 Total $_____

3. The following schedule helps you calculate the realizable value of your assets:

   ■ Enter the current Fair Market Value (FMV) in column (B) for each asset listed on Form 433-A, Items 24, 25, and 26, and/or Form 433-B, Items 20 through 24

   ■ *Multiply the amounts in column (B) by 80% (.80) and enter the results in column (C)*

   ■ Enter the amounts owed (liability) to any secured creditor in column (D)

   ■ Subtract the amounts in column (D) from the amounts in column (C) and enter the results in column (E)

Don't show negative values on assets for which you owe more than their worth.
Show realizable value as $0.00 for cases like these.

Note: *We may not allow the amount owed to a secured creditor as a liability unless it has priority over a filed Notice of Federal Tax Lien.*

(A) ASSET	(B) FMV	(C) QSV	(D) LIABILITY	(E) REALIZABLE VALUE
1998 truck	20,000	16,000	12,000	$ 4,000
Real property	100,000	80,000	96,000	0
			TOTAL	$ 4,000

ASSET	FMV	QSV	LIABILITY	REALIZABLE VALUE
_____	_____	_____	_____	_____
_____	_____	_____	_____	_____
_____	_____	_____	_____	_____
_____	_____	_____	_____	_____
_____	_____	_____	_____	_____
_____	_____	_____	_____	_____
_____	_____	_____	_____	_____

(Attach Additional Sheets if Needed)

Line 3 Total $_____

9

Note: Individuals may exclude the value of the following:

■ *$6,250 of the value of your furniture or personal effects in your household, items of personal use, livestock or poultry. Don't include the value of your vehicle in this exclusion.*

■ *$3,125 of the value of trade or business tools.*

4. To calculate monthly payments:

   a. Enter total monthly income (Item 41, Form 433-A) here $ _____

   b. Enter necessary monthly living expenses (Item 52) here $ _____

   c. Subtract b from a: enter the result here   **Line 4C Total** $ _____
      (This amount cannot be less than $0)

Note: Decide now to make either a Cash, Short Term Deferred or a Deferred Payment Offer.

5. For a **Cash Offer**, multiply line 4c by 48 (or the remainder of the ten-year statutory period for collection, whichever is less) and enter amount in total. This amount represents the total amount of future income for a cash offer.

                                  Line 5 Total $ _____

6. For a **Short-Term Deferred Payment Offer**, multiply line 4c by 60 (or the remainder of the ten-year statutory period for collection, whichever is less). This amount represents the total amount of future income for a Short-Term Deferred Payment offer.

                                  Line 6 Total $ _____

7. For a **Deferred Payment Offer**, we will help you determine your future income amount. To compute this amount, we must calculate the remaining time left on the collection statute for each period of tax liability.

Call your local IRS office or 1–800–829–1040 to assist you in this calculation.

   ■ Multiply the amount on **line 4c** by the number of months remaining on the collection statute, and enter on line 7.

                                  Line 7 Total $ _____

8. **AMOUNT OF OFFER** (Add lines 1, 2, 3 and either 5, 6, or 7) $ _____

10

Completing Form 656,
Offer In Compromise

We have included two *Offer In Compromise* forms. Use one form to submit your offer in compromise. You may use the other form as a worksheet and retain it for your personal records.

Note: Direct any questions that arise in completing this form to 1–800–829–1040 or your local IRS office. We may return your offer if you don't follow these instructions.

Item 1: Enter your name and home or business address. You should also include a mailing address, if it is different from your street address.

Show both names on joint offers for joint liabilities. If you owe one liability by yourself (such as employment taxes), and other liabilities jointly (such as income taxes), but only you are submitting an offer, list all tax liabilities on one Form 656. If you owe one liability yourself and another jointly, and both parties submit an offer, **complete two Forms 656**, one for the individual liability and one for the joint liability.

Item 2: Enter the Social Security Number(s) for the person(s) submitting the offer. For example, enter the Social Security Number of both spouses when submitting a joint offer for a joint tax liability. However, when only one spouse submits an offer, enter only that spouse's Social Security Number.

Item 3: Enter the Employer Identification Number for offers from businesses.

Item 4: Show the Employer Identification Numbers for all other businesses (excluding corporate entities) that you own or in which you have an ownership interest.

Item 5: Identify your tax liability and enter the tax year or period. Letters and notices from us and Notices of Federal Tax Lien show the tax periods for trust fund recovery penalties.

Item 6: Check the appropriate box(es) describing the basis for your offer.

Doubt as to Liability offers require a statement describing in detail why you think you do not owe the liability. Complete Item 9, "Explanation of Circumstances", explaining your situation and enter your offer amount on Item 7.

Doubt as to Collectibility offers require you to complete a *Collection Information Statement:* a Form 433-A for individuals and/or a Form 433-B for businesses. Enter your offer amount on Item 7.

Effective Tax Administration offers require you to complete a Form 433A for individuals and/or a Form 433-B for businesses. Complete Item 9, "Explanation of Circumstances" and enter your offer amount on Item 7.

11

155

Item 7: Enter the total amount of your offer. (See page 10, Amount of Offer). Your offer amount can't include a refund we owe you or amounts you've already paid.

Note: We don't require a deposit. The law requires us to hold any deposits you make in a special non-interest bearing account. However, should we reject or return your offer and you decide to apply a deposit towards the liability, you will receive credit on the deposit from the date we received it.

Check the appropriate payment box (cash, short-term deferred payment or deferred payment). We have provided some specific payment periods. If these are inapplicable, describe your proposed payment terms on the line provided. For example, for offers with 7 years remaining on the statutory period for collection and a total offer of $25,000, you might propose to pay $10,000 (equity) within 90 days and the balance of $15,000 in 84 monthly installments of $179. You could also pay the same offer in 84 monthly installments of $298.

Item 8: It is important that you understand the requirements listed in this section. Pay particular attention to Items 8(d) and 8(g), as they address the future compliance provision and refunds.

Item 9: Explain your reason(s) for submitting your offer in the "Explanation of Circumstances." You may attach additional sheets if necessary.

Item 10: All persons submitting the offer must sign and date Form 656. Include titles of authorized corporate officers, executors, trustees, Powers of Attorney, etc. where applicable.

Where to File File your offer in compromise at the IRS district office in your area. To get the address of the local office nearest you, call the toll free number at 1–800–829–1040.

12

IRS

Department of the Treasury
Internal Revenue Service

www.irs.gov

Form 656 (Rev. 1-2000)
Catalog Number 16728N

Form 656
Offer in Compromise

Item 1 — Taxpayer's Name and Home or Business Address

Name _____

Name _____

Street Address _____

City _____ State _____ ZIP Code _____

Mailing Address *(if different from above)*

Street Address _____

City _____ State _____ ZIP Code _____

Item 2 — Social Security Numbers

(a) Primary _____

(b) Secondary _____

Item 3 — Employer Identification Number *(included in offer)*

_____

Item 4 — Other Employer Identification Numbers *(not included in offer)*

_____

_____

_____

Item 5 — To: Commissioner of Internal Revenue Service

I/We (includes all types of taxpayers) submit this offer to compromise the tax liabilities plus any interest, penalties, additions to tax, and additional amounts required by law (tax liability) for the tax type and period marked below: (Please mark an "X" in the box for the correct description and fill-in the correct tax period(s), adding additional periods if needed).

❑ **1040/1120 Income Tax** — Year(s) _____

_____

❑ **941 Employer's Quarterly Federal Tax Return** — Quarterly period(s) _____

_____

❑ **940 Employer's Annual Federal Unemployment (FUTA) Tax Return** — Year(s) _____

_____

❑ **Trust Fund Recovery Penalty** as a responsible person of (enter corporation name) _____

_____ ,

for failure to pay withholding and Federal Insurance Contributions Act Taxes (Social Security taxes), for period(s) ending _____ .

❑ **Other Federal Tax(es)** [specify type(s) and period(s)] _____

_____

Note: If you need more space, use another sheet titled "Attachment to Form 656 Dated _____ ."
Sign and date the attachment following the listing of the tax periods.

Item 6 — I/we submit this offer for the reason(s) checked below:

❑ **Doubt as to Liability** — "I do not believe I owe this amount." You must include a detailed explanation of the reason(s) why you believe you do not owe the tax in Item 9.

❑ **Doubt as to Collectibility** — "I have insufficient assets and income to pay the full amount." You must include a complete financial statement, Form 433-A and/or Form 433-B.

❑ **Effective Tax Administration** — "I owe this amount and have sufficient assets to pay the full amount, but due to my exceptional circumstances, requiring full payment would cause an economic hardship or would be unfair and inequitable." You must include a complete financial statement, Form 433-A and/or Form 433B and complete Item 9.

Item 7

I/we offer to pay $ _____

❑ Paid in full with this offer.

❑ Deposit of $ _____ is attached to this offer.

❑ No deposit.

Note: Make all checks payable to: The United States Treasury

Check one of the following:

❑ **Cash Offer (Offered amount will be paid in 90 days or less.)**

Balance to be paid in: _____ 10, _____ 30, _____ 60, or _____ 90 days from notice of acceptance of the offer. If more than one payment will be made during the time frame checked, provide the amount and date of the payment on the line below.

_____

❑ **Short Term Deferred Payment Offer (Offered amount paid in more than 90 days but within 24 months.)**

Amount of monthly payment _____

Monthly payment date _____

Date offered amount will be paid in full _____

Other terms for payment _____

❑ **Deferred Payment Offer (Offered amount will be paid over the life of the collection statute.)**

Amount of monthly payment _____

Monthly payment date _____

Other terms for payment _____

Item 8 — By submitting this offer, I/we understand and agree to the following conditions:

(a) I/we voluntarily submit all payments made on this offer.

(b) The IRS will apply payments made under the terms of this offer in the best interest of the government.

(c) If the IRS rejects or returns the offer or I/we withdraw the offer, the IRS will return any amount paid with the offer. If I/we agree in writing, IRS will apply the amount paid with the offer to the amount owed. If I/we agree to apply the payment, the date the IRS received the offer remittance will be considered the date of payment. I/we understand that the IRS will not pay interest on any amount I/we submit with the offer.

(d) **I/we will comply with all provisions of the Internal Revenue Code relating to filing my/our returns and paying my/our required taxes for 5 years or until the offered amount is paid in full, whichever is longer. In the case of a jointly submitted offer to compromise joint tax liabilities, I/we understand that default with respect to the compliance provisions described in this paragraph by one party to this agreement will not result in the default of the entire agreement. The default provisions described in Item 8(o) of this agreement will be applied only to the party failing to comply with the requirements of this paragraph. This provision does not apply to offers based on Doubt as to Liability.**

(e) I/we waive and agree to the suspension of any statutory periods of limitation (time limits provided for by law) for the IRS assessment of the tax liability for the tax periods identified in Item 5. I/we understand that the statute of limitations for collection will be suspended during the period an offer is considered pending by the IRS (paragraph (m) defines pending).

(f) The IRS will keep all payments and credits made, received or applied to the total original tax liability before submission of this offer. The IRS may keep any proceeds from a levy served prior to submission of the offer, but not received at the time the offer is submitted. If I/we have an installment agreement prior to submitting the offer, I/we must continue to make the payments as agreed while this offer is pending. Installment agreement payments will not be applied against the amount offered.

(g) **The IRS will keep any refund, including interest, due to me/us because of overpayment of any tax or other liability, for tax periods extending through the calendar year that the IRS accepts the offer. I/we may not designate an overpayment ordinarily subject to refund, to which the IRS is entitled, to be applied to estimated tax payments for the following year. This condition does not apply if the offer is based on Doubt as to Liability.**

(h) I/we will return to the IRS any refund identified in (g) received after submission of this offer. This condition does not apply to offers based on Doubt as to Liability.

(i) The IRS cannot collect more than the full amount of the tax liability under this offer.

(j) I/we understand that I/we remain responsible for the full amount of the tax liability, unless and until the IRS accepts the offer in writing and I/we have met all the terms and conditions of the offer. The IRS will not remove the original amount of the tax liability from its records until I/we have met all the terms of the offer.

(k) I/we understand that the tax I/we offer to compromise is and will remain a tax liability until I/we meet all the terms and conditions

158

of this offer. If I/we file bankruptcy before the terms and conditions of this offer are completed, any claim the IRS files in the bankruptcy proceedings will be a tax claim.

(l) Once the IRS accepts the offer in writing, I/we have no right to contest, in court or otherwise, the amount of the tax liability.

(m) The offer is pending starting with the date an authorized IRS official signs this form. The offer remains pending until an authorized IRS official accepts, rejects, returns or acknowledges withdrawal of the offer in writing. If I/we appeal an IRS rejection decision on the offer, the IRS will continue to treat the offer as pending until the Appeals Office accepts or rejects the offer in writing. If I/we don't file a protest within 30 days of the date the IRS notifies me/us of the right to protest the decision, I/we waive the right to a hearing before the Appeals Office about the offer in compromise.

(n) The waiver and suspension of any statutory periods of limitation for assessment of the tax liability described in Item 5, continue to apply:

- while the offer is pending [see (m) above]

- during the time I/we have not paid all of the amount offered

- during the time I/we have not completed all terms and conditions of the offer

- for one additional year beyond each of the time periods identified in this paragraph

(o) If I/we fail to meet any of the terms and conditions of the offer and the offer defaults, then the IRS may:

- immediately file suit to collect the entire unpaid balance of the offer

- immediately file suit to collect an amount equal to the original amount of the tax liability as liquidating damages, minus any payment already received under the terms of this offer

- disregard the amount of the offer and apply all amounts already paid under the offer against the original amount of the tax liability

- file suit or levy to collect the original amount of the tax liability, without further notice of any kind.

(p) The IRS generally files a Notice of Federal Tax Lien to protect the Government's interest on deferred payment offers. This tax lien will be released when the payment terms of the offer agreement have been satisfied.

(q) I/we understand that Internal Revenue Service employees may contact third parties in order to respond to this request, and I authorize such contacts to be made. Further, by authorizing the Internal Revenue Service to contact third parties, I understand that I will not receive notice pursuant to section 7602(c) of the Internal Revenue Code of third parties contacted in connection with this request.

Item 9 — Explanation of Circumstances

I am requesting an offer in compromise for the reason(s) listed below:

Note: If you are requesting compromise based on doubt as to liability, explain why you don't believe you owe the tax. If you believe you have special circumstances affecting your ability to fully pay the amount due, explain your situation. You may attach additional sheets if necessary.

_____

_____

_____

_____

_____

_____

_____

_____

_____

_____

_____

_____

_____

_____

Item 10

If I/we submit this offer on a substitute form, I/we affirm that this form is a verbatim duplicate of the official Form 656, and I/we agree to be bound by all the terms and conditions set forth in the official Form 656.

Under penalties of perjury, I declare that I have examined this offer, including accompanying schedules and statements, and to the best of my knowledge and belief, it is true, correct and complete.

_____

10(a) Signature of Taxpayer — proponent

_____

Date

_____

10(b) Signature of Taxpayer — proponent

_____

Date

For Official Use Only

_____

Signature of Authorized Internal Revenue Service Official

_____

Title

_____

Date

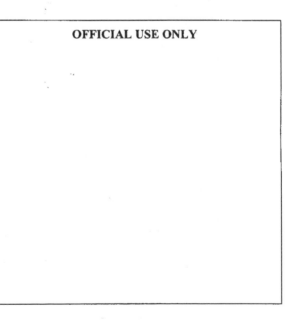

OFFICIAL USE ONLY

Form **433-A**
(Rev. September 1995)
Department of the Treasury
Internal Revenue Service

Collection Information Statement for Individuals

Note: **Complete all blocks, except shaded areas. Write "N/A"** *(not applicable)* **in those blocks that do not apply.** Instructions for certain line items are in Publication 1854.

1 Taxpayer(s) name(s) and address	2 Home phone number ( )	3 Marital status
County	4a Taxpayer's social security number	4b Spouse's social security number

Section I — Employment Information

5 Taxpayer's employer or business *(name and address)*	a How long employed	b Business phone number ( )	c Occupation
	d Number of exemptions claimed on Form W-4	e Pay period: ☐ Weekly ☐ Bi-weekly ☐ Monthly ☐ .... Payday: .... (Mon–Sun)	f *(Check appropriate box)* ☐ Wage earner ☐ Sole proprietor ☐ Partner
6 Spouse's employer or business *(name and address)*	a How long employed	b Business phone number ( )	c Occupation
	d Number of exemptions claimed on Form W-4	e Pay period: ☐ Weekly ☐ Bi-weekly ☐ Monthly ☐ .... Payday: .... (Mon–Sun)	f *(Check appropriate box)* ☐ Wage earner ☐ Sole proprietor ☐ Partner

Section II — Personal Information

7 Name, address and telephone number of next of kin or other reference	8 Other names or aliases	9 Previous address(es)

10 Age and relationship of dependents living in your household *(exclude yourself and spouse)*

11 Date of Birth ▶	a Taxpayer	b Spouse	12 Latest filed income tax return *(tax year)*	a Number of exemptions claimed	b Adjusted Gross Income

Section III — General Financial Information

13 Bank accounts *(include savings and loans, credit unions, IRA and retirement plans, certificates of deposit, etc.)* Enter bank **loans** in item 28.

Name of Institution	Address	Type of Account	Account No.	Balance

Total *(Enter in item 21)* . . . . ▶

Section III (continued)   General Financial Information

14 Charge cards and lines of credit from banks, credit unions, and savings and loans. List all other charge accounts in item 28.

Type of Account or Card	Name and Address of Financial Institution	Monthly Payment	Credit Limit	Amount Owed	Credit Available
Totals *(Enter in item 27)* ▶					

15 Safe deposit boxes rented or accessed *(List all locations, box numbers, and contents)*

16 **Real Property** *(Brief description and type of ownership)*	**Physical Address**
a	
	County ....
b	
	County ....
c	
	County :..........................

17 **Life Insurance** *(Name of Company)*	Policy Number	Type	Face Amount	Available Loan Value
		☐ Whole ☐ Term		
		☐ Whole ☐ Term		
		☐ Whole ☐ Term		
Total *(Enter in item 23)* ▶				

18 Securities *(stocks, bonds, mutual funds, money market funds, government securities, etc.):*

Kind	Quantity or Denomination	Current Value	Where Located	Owner of Record

19 Other information relating to your financial condition. If you check the **"Yes"** box, please give dates and explain on page 4, Additional Information or Comments:

a Court proceedings	☐ Yes ☐ No	**b** Bankruptcies		☐ Yes ☐ No	
c Repossessions	☐ Yes ☐ No	**d** Recent sale or other transfer of assets for less than full value		☐ Yes ☐ No	
e Anticipated increase in income	☐ Yes ☐ No	**f** Participant or beneficiary to trust, estate, profit sharing, etc.		☐ Yes ☐ No	

Section IV   Assets and Liabilities

Description	Current Market Value	Current Amount Owed	Equity in Asset	Amount of Monthly Payment	Name and Address of Lien/Note Holder/Lender	Date Pledged	Date of Final Payment
20 Cash							
21 Bank accounts (from item 13)							
22 Securities (from item 18)							
23 Cash or loan value of insurance							
24 Vehicles (model, year, license, tag #)							
a							
b							
c							
25 Real property (from Section III, item 16) a							
b							
c							
26 Other assets							
a							
b							
c							
d							
e							
27 Bank revolving credit (from item 14)							
28 Other liabilities (including bank loans, judgments, notes, and charge accounts not entered in item 13) a							
b							
c							
d							
e							
f							
g							
29 Federal taxes owed (prior years)							
30 Totals			$	$			

Internal Revenue Service Use Only Below This Line

Financial Verification/Analysis

Item	Date Information or Encumbrance Verified	Date Property Inspected	Estimated Forced Sale Equity
Personal residence			
Other real property			
Vehicles			
Other personal property			
State employment (husband and wife)			
Income tax return			
Wage statements (husband and wife)			
Sources of income/credit (D&B report)			
Expenses			
Other assets/liabilities			

Section V   Monthly Income and Expense Analysis

Total Income			Necessary Living Expenses		
Source	**Gross**			**Claimed**	**(IRS use only) Allowed**
31 Wages/salaries *(taxpayer)*	$		42 National Standard Expenses [1]	$	$
32 Wages/salaries *(spouse)*			43 Housing and utilities [2]		
33 Interest, dividends			44 Transportation [3]		
34 Net business income *from Form 433-B)*			45 Health care		
35 Rental income			46 Taxes *(income and FICA)*		
36 Pension *(taxpayer)*			47 Court ordered payments		
37 Pension *(spouse)*			48 Child/dependent care		
38 Child support			49 Life insurance		
39 Alimony			50 Secured or legally-perfected debts *(specify)*		
40 Other			51 Other expenses *(specify)*		
41 **Total income**	$		52 **Total expenses**	$	$
			53 *(IRS use only)* Net difference *(income less necessary living expenses)*	$	

Certification   Under penalties of perjury, I declare that to the best of my knowledge and belief this statement of assets, liabilities, and other information is true, correct, and complete.

54 Your signature	55 Spouse's signature *(if joint return was filed)*	56 Date

Notes

1 Clothing and clothing services, food, housekeeping supplies, personal care products and services, and miscellaneous.

2 Rent or mortgage payment for the taxpayer's principal residence. Add the average monthly payment for the following expenses if they are **not** included in the rent or mortgage payment: property taxes, homeowner's or renter's insurance, parking, necessary maintenance and repair, homeowner dues, condominium fees and utilities. Utilities include gas, electricity, water, fuel oil, coal, bottled gas, trash and garbage collection, wood and other fuels, septic cleaning, and telephone.

3 Lease or purchase payments, insurance, registration fees, normal maintenance, fuel, public transportation, parking, and tolls.

Additional information or comments:

Internal Revenue Service Use Only Below This Line

Explain any difference between Item 53 and the installment agreement payment amount:

Name of originator and IDRS assignment number: Date

ÍNDICE

12/13 (9) 6/13

SPHINX® PUBLISHING ORDER FORM

Charge my: ☐ VISA   ☐ MasterCard   ☐ American Express

☐ **Money Order or Personal Check**

Credit Card Number

Expiration Date

Qty	ISBN	Title	Retail	Ext.
		SPHINX PUBLISHING NATIONAL TITLES		
___	1-57248-148-X	Cómo Hacer su Propio Testamento	$16.95	___
___	1-57248-147-1	Cómo Solicitar su Propio Divorcio	$24.95	___
___	1-57248-226-5	Cómo Restablecer su propio Credito y Renegociar sus Deudas	$21.95	___
___	1-57248-166-8	The Complete Book of Corporate Forms	$24.95	___
___	1-57248-163-3	Crime Victim's Guide to Justice (2E)	$21.95	___
___	1-57248-159-5	Essential Guide to Real Estate Contracts	$18.95	___
___	1-57248-160-9	Essential Guide to Real Estate Leases	$18.95	___
___	1-57248-139-0	Grandparents' Rights (3E)	$24.95	___
___	1-57248-188-9	Guía de Inmigración a Estados Unidos (3E)	$24.95	___
___	1-57248-187-0	Guía de Justicia para Víctimas del Crimen	$21.95	___
___	1-57248-103-X	Help Your Lawyer Win Your Case (2E)	$14.95	___
___	1-57248-164-1	How to Buy a Condominium or Townhome (2E)	$19.95	___
___	1-57248-191-9	How to File Your Own Bankruptcy (5E)	$21.95	___
___	1-57248-132-3	How to File Your Own Divorce (4E)	$24.95	___
___	1-57248-100-6	How to Form a DE Corporation from Any State	$24.95	___
___	1-57248-083-1	How to Form a Limited Liability Company	$22.95	___
___	1-57248-099-8	How to Form a Nonprofit Corporation	$24.95	___
___	1-57248-133-1	How to Form Your Own Corporation (3E)	$24.95	___
___	1-57248-224-9	How to Form Your Own Partnership (2E)	$24.95	___
___	1-57248-119-6	How to Make Your Own Will (2E)	$16.95	___
___	1-57248-200-1	How to Register Your Own Copyright (4E)	$24.95	___
___	1-57248-104-8	How to Register Your Own Trademark (3E)	$21.95	___
___	1-57071-349-9	How to Win Your Unemployment Compensation Claim	$21.95	___
___	1-57248-118-8	How to Write Your Own Living Will (2E)	$16.95	___
___	1-57248-156-0	How to Write Your Own Premarital Agreement (3E)	$24.95	___
___	1-57248-158-7	Incorporate in Nevada from Any State	$24.95	___
___	1-57071-333-2	Jurors' Rights (2E)	$12.95	___
___	1-57071-400-2	Legal Research Made Easy (2E)	$16.95	___
___	1-57248-165-X	Living Trusts and Other Ways to Avoid Probate (3E)	$24.95	___

Qty	ISBN	Title	Retail	Ext.
___	1-57248-186-2	Manual de Beneficios para el Seguro Social	$18.95	___
___	1-57248-220-6	Mastering the MBE	$16.95	___
___	1-57248-167-6	Most Valuable Bus. Legal Forms You'll Ever Need (3E)	$21.95	___
___	1-57248-130-7	Most Valuable Personal Legal Forms You'll Ever Need	$24.95	___
___	1-57248-098-X	The Nanny and Domestic Help Legal Kit	$22.95	___
___	1-57248-089-0	Neighbor v. Neighbor (2E)	$16.95	___
___	1-57248-169-2	The Power of Attorney Handbook (4E)	$19.95	___
___	1-57248-149-8	Repair Your Own Credit and Deal with Debt	$18.95	___
___	1-57248-168-4	The Social Security Benefits Handbook (3E)	$18.95	___
___	1-57071-399-5	Unmarried Parents' Rights	$19.95	___
___	1-57071-354-5	U.S.A. Immigration Guide (3E)	$19.95	___
___	1-57248-192-7	The Visitation Handbook	$18.95	___
___	1-57248-138-2	Winning Your Personal Injury Claim (2E)	$24.95	___
___	1-57248-162-5	Your Right to Child Custody, Visitation and Support (2E)	$24.95	___
___	1-57248-157-9	Your Rights When You Owe Too Much	$16.95	___
		CALIFORNIA TITLES		
___	1-57248-150-1	CA Power of Attorney Handbook (2E)	$18.95	___
___	1-57248-151-X	How to File for Divorce in CA (3E)	$26.95	___
___	1-57071-356-1	How to Make a CA Will	$16.95	___
___	1-57248-145-5	How to Probate and Settle an Estate in California	$26.95	___
___	1-57248-146-3	How to Start a Business in CA	$18.95	___
___	1-57248-194-3	How to Win in Small Claims Court in CA (2E)	$18.95	___
___	1-57248-196-X	The Landlord's Legal Guide in CA	$24.95	___
		FLORIDA TITLES		
___	1-57071-363-4	Florida Power of Attorney Handbook (2E)	$16.95	___
___	1-57248-176-5	How to File for Divorce in FL (7E)	$26.95	___
___	1-57248-177-3	How to Form a Corporation in FL (5E)	$24.95	___
___	1-57248-203-6	How to Form a Limited Liability Co. in FL (2E)	$24.95	___
___	1-57071-401-0	How to Form a Partnership in FL	$22.95	___

Form Continued on Following Page   **SUBTOTAL**

To order, call Sourcebooks at 1-800-432-7444 or FAX (630) 961-2168 (Bookstores, libraries, wholesalers—please call for discount)

Prices are subject to change without notice.

Find more legal information at: www.SphinxLegal.com

SPHINX® PUBLISHING ORDER FORM

Qty	ISBN	Title	Retail	Ext.
___	1-57248-113-7	How to Make a FL Will (6E)	$16.95	___
___	1-57248-088-2	How to Modify Your FL Divorce Judgment (4E)	$24.95	___
___	1-57248-144-7	How to Probate and Settle an Estate in FL (4E)	$26.95	___
___	1-57248-081-5	How to Start a Business in FL (5E)	$16.95	___
___	1-57071-362-6	How to Win in Small Claims Court in FL (6E)	$16.95	___
___	1-57248-202-8	Land Trusts in Florida (6E)	$29.95	___
___	1-57248-123-4	Landlords' Rights and Duties in FL (8E)	$21.95	___
GEORGIA TITLES				
___	1-57248-137-4	How to File for Divorce in GA (4E)	$21.95	___
___	1-57248-180-3	How to Make a GA Will (4E)	$21.95	___
___	1-57248-140-4	How to Start a Business in Georgia (2E)	$16.95	___
ILLINOIS TITLES				
___	1-57071-405-3	How to File for Divorce in IL (2E)	$21.95	___
___	1-57248-170-6	How to Make an IL Will (3E)	$16.95	___
___	1-57071-416-9	How to Start a Business in IL (2E)	$18.95	___
___	1-57248-078-5	Landlords' Rights & Duties in IL	$21.95	___
MASSACHUSETTS TITLES				
___	1-57248-128-5	How to File for Divorce in MA (3E)	$24.95	___
___	1-57248-115-3	How to Form a Corporation in MA	$24.95	___
___	1-57248-108-0	How to Make a MA Will (2E)	$16.95	___
___	1-57248-106-4	How to Start a Business in MA (2E)	$18.95	___
___	1-57248-209-5	The Landlord's Legal Guide in MA	$24.95	___
MICHIGAN TITLES				
___	1-57071-409-6	How to File for Divorce in MI (2E)	$21.95	___
___	1-57248-182-X	How to Make a MI Will (3E)	$16.95	___
___	1-57248-183-8	How to Start a Business in MI (3E)	$18.95	___
MINNESOTA TITLES				
___	1-57248-142-0	How to File for Divorce in MN	$21.95	___
___	1-57248-179-X	How to Form a Corporation in MN	$24.95	___
___	1-57248-178-1	How to Make a MN Will (2E)	$16.95	___
NEW YORK TITLES				
___	1-57248-193-5	Child Custody, Visitation and Support in NY	$26.95	___
___	1-57248-141-2	How to File for Divorce in NY (2E)	$26.95	___
___	1-57248-105-6	How to Form a Corporation in NY	$24.95	___
___	1-57248-095-5	How to Make a NY Will (2E)	$16.95	___
___	1-57248-199-4	How to Start a Business in NY (2E)	$18.95	___

Qty	ISBN	Title	Retail	Ext.
___	1-57248-198-6	How to Win in Small Claims Court in NY (2E)	$18.95	___
___	1-57071-186-0	Landlords' Rights and Duties in NY	$21.95	___
___	1-57071-188-7	New York Power of Attorney Handbook	$19.95	___
___	1-57248-122-6	Tenants' Rights in NY	$21.95	___
NORTH CAROLINA TITLES				
___	1-57248-185-4	How to File for Divorce in NC (3E)	$22.95	___
___	1-57248-129-3	How to Make a NC Will (3E)	$16.95	___
___	1-57248-184-6	How to Start a Business in NC (3E)	$18.95	___
___	1-57248-091-2	Landlords' Rights & Duties in NC	$21.95	___
OHIO TITLES				
___	1-57248-190-0	How to File for Divorce in OH (2E)	$24.95	___
___	1-57248-174-9	How to Form a Corporation in OH	$24.95	___
___	1-57248-173-0	How to Make an OH Will	$16.95	___
PENNSYLVANIA TITLES				
___	1-57248-211-7	How to File for Divorce in PA (3E)	$26.95	___
___	1-57248-094-7	How to Make a PA Will (2E)	$16.95	___
___	1-57248-112-9	How to Start a Business in PA (2E)	$18.95	___
___	1-57071-179-8	Landlords' Rights and Duties in PA	$19.95	___
TEXAS TITLES				
___	1-57248-171-4	Child Custody, Visitation, and Support in TX	$22.95	___
___	1-57248-172-2	How to File for Divorce in TX (3E)	$24.95	___
___	1-57248-114-5	How to Form a Corporation in TX (2E)	$24.95	___
___	1-57071-417-7	How to Make a TX Will (2E)	$16.95	___
___	1-57248-214-1	How to Probate and Settle an Estate in TX (3E)	$26.95	___
___	1-57248-228-1	How to Start a Business in TX (3E)	$18.95	___
___	1-57248-111-0	How to Win in Small Claims Court in TX (2E)	$16.95	___
___	1-57248-110-2	Landlords' Rights and Duties in TX (2E)	$21.95	___

SUBTOTAL THIS PAGE _____

SUBTOTAL PREVIOUS PAGE _____

Shipping — $5.00 for 1st book, $1.00 each additional _____

Illinois residents add 6.75% sales tax _____

Connecticut residents add 6.00% sales tax _____

TOTAL _____

To order, call Sourcebooks at 1-800-432-7444 or FAX (630) 961-2168 (Bookstores, libraries, wholesalers—please call for discount)
Prices are subject to change without notice.
Find more legal information at: www.SphinxLegal.com